FSC
www.fsc.org
MIX
Papier aus verantwortungsvollen Quellen
Paper from responsible sources
FSC® C105338

**Marina Balybina**

# Phraseologismen in der spanischen und italienischen Sprache

## Eine korpusbasierte kontrastive Analyse

Diplomica Verlag GmbH

**Balybina, Marina: Phraseologismen in der spanischen und italienischen Sprache: Eine korpusbasierte kontrastive Analyse, Hamburg, Diplomica Verlag GmbH 2013**

Buch-ISBN: 978-3-8428-9545-4
PDF-eBook-ISBN: 978-3-8428-4545-9
Druck/Herstellung: Diplomica® Verlag GmbH, Hamburg, 2013

**Bibliografische Information der Deutschen Nationalbibliothek:**
Die Deutsche Nationalbibliothek verzeichnet diese Publikation in der Deutschen Nationalbibliografie; detaillierte bibliografische Daten sind im Internet über http://dnb.d-nb.de abrufbar.

---


Hermannstal 119k, 22119 Hamburg
http://www.diplomica-verlag.de, Hamburg 2013
Printed in Germany

## Inhalt

# Einleitung

Auf die Erforschung sprachlicher Phänomene, wie Phraseologismen, wird immer mehr Wert gelegt. Phraseologismen werden immer mehr studiert, dabei wird nicht nur die Syntax von Phraseologismen, sondern auch deren Semantik, Pragmatik, Etymologie und kognitive und psycholinguistische Aspekte in Betracht gezogen. Besonders wird in der Phraseologieforschung auf die Metapher, die vielen Phraseologismen zu Grunde liegt, beachtet.

Die kontrastive Phraseologie geht eben einen Sritt weiter und vergleicht die Phraseologismen aus zwei oder mehreren Sprachen miteinander, dabei stößt sie ständig an Grenzen und Ausnahmen, denn jede Sprache ist kulturspezifisch geprägt und verfügt über solche Metaphern, die in einer anderen Sprache vielleicht nicht vorhanden sind.

Die kontrastive Phraseologieforschung der spanischen und italienischen Sprache hat sich als relativ moderner Bereich der linguistischen Wissenschaft etabliert. Spanische und italienische Phraseologismen wurden schon mit anderen Sprachen verglichen, selten aber miteinander.

Eine Phraseologieforschung, wie die kontrastive, erweist sich als sehr nützlich und hilft dabei, eine Fremdsprache auf höherem Niveau zu beherrschen. Das Interesse an der Phraseologieforschung ist unmittelbar damit verbunden, die Natur der Phraseologismen zu begreifen, um die Ergebnisse, die beim Erlernen einer Fremdsprache verwendet werden, weiter zu vermitteln. Diese Natur der Phraseologismen einer Fremdsprache zu verstehen, ist eine große Herausforderung.

# Theoretischer Teil

## 1 Zielsetzung - kontrastiver Vergleich

Das Ziel dieser Studie besteht darin, das Korpus von spanisch-italienischen Phraseologismen auf kontrastive Ebene zu analysieren.

> Kontrastive Phraseologie hängt mit konfrontativer Linguistik zusammen. Ihr Ziel ist die Untersuchung der phraseologischen Systeme von zwei oder mehr Sprachen und Herausarbeitung der Gemeinsamkeiten und Unterschiede. [Fleischer 1982: 30]

Die Studie wird in zwei Teile gegliedert – einen theoretischen Teil und einen empirischen. Der erste befasst sich mit den theoretischen Grundlagen und charakteristischen Merkmalen der Phraseologismen. Im empirischen Teil werden die Phraseologismen, die anhand von bestimmten Kriterien, wie körperlichen und geistigen Eigenschaften von Menschen, nach dem Prinzip des modernen Gebrauchs in einem Korpus zusammengefasst und kategorisiert sind, unter solchen Merkmalen, wie Polylexikalität, Festigkeit, Idiomatizität analysiert. Als Grundlage des Vergleichs *Tertium comparationis*wird bei der Analyse eine Metaphorisierung genommen, weil Spanisch und Italienisch als romanische Sprachen nicht nur verwandt sind, sondern auch dem gleichen europäischen Raum und der gleichen europäischen Kultur angehören.

Die analysierten Phraseologismen werden nicht nur auf semantischer und syntaktischer Ebene und auf der Ebene der generativen Syntax verglichen, sondern auch unter pragmatischen, kognitiven und psycholinguistischen Gesichtspunkten untersucht, die für allgemeines Phraseologismusbild sehr wichtig sind.

Es wird eine ausführliche idiomatische Äquivalenzanalyse durchgeführt und Übersetzungsvorgänge für verschiedenen Äquivalenztypen werden ausgearbeitet. Die Phraseologismen werden auch auf Polylexikalität sowie Festigkeit und Stabilität untersucht. Dabei werden die Bildträger bei den analysierten Phraseologismen identifiziert. Dementsprechend wird es in der Arbeit auf die Übersetzung von Phraseologismen in Computerlinguistik angekommen und die entstehenden Probleme werden betonnt, dabei werden die wichtigsten Punkte der Zusammenarbeit von Computerlinguistik und Phraseologie hervorgehoben. Es werden anhand verschiedener Modelle eine Identifizierung von Phraseologismen bei der elektronischen Übersetzung und auch einige Übersetzungsverfahren vorgeschlagen. Schließlich wird ein gemeinsamer Überblick der durchgeführten Analyse erstellt, wo die Gemeinsamkeiten und Unterschiede, sowie die Interferenzen bei der Übersetzung dargestellt werden. Es wird auch darauf eingegangen, wie diese Interferenzen im didaktischen Verfahren genutztwerden können.

# 2 Phraseologismen – Definitionen

> Phraseologie ist die Lehre von den Phrasemen (griech. *phrasis* ‚Rede' und *logos* ‚Lehre'). [Donalies 2009: 3]

Die Phraseologie ist eine Teildisziplin der Sprachwissenschaft, die sich mit Phraseologismen beschäftigt. Die Phraseologie wird aus verschiedenen Teildisziplinen wie idiomatischen Ausdrücken, Modismen, phraseologischen Einheiten, Redensarten und Redewendungen in eine neue Disziplin zusammengefasst.

Die ersten Linguisten, die die Phraseologie als selbstständige Disziplin in den 70er-Jahren definiert hatten, waren die russischen Wissenschaftler Vinogradov, Reichstein, Mel'cuk u.a. und ihre deutschen KollegenRothkegel, Burger, Plakes, u.a.

Die Phraseologismen werden oft nicht nur durch ihre feste syntaktische Strukturund irreguläre semantische Verknüpfung, sondern auch durch ihre semantische Ganzheit charakterisiert.

> Die Phraseologismen verfügen über eine Reihe von gemeinsamen Merkmalen, die sie als sondergestaltete Zeichen hervorheben. Diese Merkmale werden unter den Kategorien der Semantik, Syntaktik und Pragmatik gruppiert. [Segura García: 1998: 20]

Nach Segura García (Segura García, 1998, 24) charakterisiert man Phraseologismen mit verschiedenen Eigenschaften wie Bildhaftigkeit, Metaphorisierung, Motivation,Reproduzierbarkeit, Lexemäquivalenz, Nicht-Modellierbarkeit, Idiomatizität, Festigkeit, Polylexikalität oder Mehrgliedrigkeit. Die Vielfalt dieser Terminologie weist darauf hin, dass es sich um ein relativ kompliziertes und ein wenig erforschtes Gebiet handelt, trotz der intensiven Forschung in den letzten Jahren.

Bei dieser Arbeit wird nur auf Idiomatizität, Polylexikalität, Festigkeit und Stabilität eingegangen, denn das Korpus wird auf diesen Ebenen untersucht, dabei werden auch solche Aspekte wie pragmatische, kognitive und psycholinguistische beachtet.

## 2.1 Polylexikalität

Zu den wichtigsten Kriterien, welche die Phraseologismen bestimmen, gehört zweifelsohne die Polylexikalität. NachBurger (Burger, 2007, 15) muss bei der

Polylexikalität ein Phraseologismus aus mindestens zwei lexikalischen Einheiten bestehen. Es gibt auch die Meinung, dass ein Phraseologismus aus einer einzelnen lexikalischen Einheit bestehen kann. Für die deutsche Sprache ist es durchaus möglich, denn sie ist für ihre Zusammensetzung aus lexikalischen Einheiten bekannt.

> Wörter werden im Deutschen praktischerweise zusammengeschrieben. So sehen wir sofort, dass *Schwarzmarkt* einzelnes Wort ist, *Schwarzer Markt* aber ist nicht ein Wort, sondern zwei. Tatsächlich kann im Deutschen ‚der orthografische Usus ausschlaggebend' sein (Topczewska, 2004, 24). [Donalies 2009: 7]

Nach Burger (id. 16) müssen Phraseologismen nicht unbedingt autosemantische Wörter beinhalten. Als autosemantisch werden solche Lexeme eingestuft, welche eine vom Kontext unabhängige und selbstständigelexikalische Bedeutung aufweisen. Das sind Substantive, Verben, Adjektive und Adverbien. Ein Phraseologismus kann auch aus zwei synsemantischen Wörtern bestehen. Als synsemantisch werden solche Lexeme eingestuft, die nur eine grammatischeFunktion im Satz haben, aber keine eigene (lexikalische) Bedeutung, daher werden sie auch als Funktionswörter bezeichnet. Artikel, Konjunktion, Partikel, Pronomen, Präposition, Modalverb und Hilfsverb zählen zu den Funktionswörtern.

> So gibt es solche Phraseologismen, auch ‚minimale Phraseologismen' genannt, die keine autosemantischen Wörter enthalten oder bei denen die ursprünglichen autosemantischen Wörter in ihrer Bedeutung verblasst sind. [Burger 2007: 16]

Für das analysierte Korpus tritt dieser Fall nicht zu, denn es enthält keine Phraseologismen, die nur aus synsemantischen Wörtern bestehen.

### 2.2 Festigkeit oder Stabilität

Phraseologismen unterscheiden sich von freien Wortverbindungen durch solche Kriterien wie Festigkeit oder Stabilität.

> Phraseologismen unterscheiden sich von den freien Verbindungen, da die letztgenannten ‚frei'kombinierbar sind und ihre Bedeutung das Ergebnis der Summe einzelner Komponenten ist. Die Prinzipien der Kombinierbarkeit und Erkennbarkeit sind demnach den freien Verbindungen eigen,

nicht aber Phraseologismen. Ihre Strukturen sind fest gebunden und die Bedeutung der ganzen Einheit ist nicht aus den einzelnen Komponenten ableitbar. [Segura García: 1998: 23]

Nach diesem Kriterium weist ein Phraseologismus verschiedene Formen der Festigkeit auf.

Die Festigkeit oder Stabilität der phraseologischen Verbindungen werden von verschiedenen Autoren hervorgehoben. So unterstreicht Häussermann (Segura García, 1998, 37) solche Typen von Festigkeit von Phraseologismen:

1) Die Festigkeit im Gebrauch (Phraseologismen als Einheiten der Sprache)
2) Die struktursemantische Festigkeit
3) Die morphologische Festigkeit (Phraseologismen besitzen ein eingeschränktes Flexionsparadigma ihrer Konstituenten)
4) Die syntaktische Festigkeit (geringere Bewegungsmöglichkeit der Konstituenten der Phraseologismen)
5) Die Festigkeit der Bedeutung und des lexikalischen Bestandes (geringere Kommutierbarkeit der Elemente der Phraseologismen durch Synonyme)
6) Pragmatische Festigkeit
7) Psycholinguistische Festigkeit

Bei den angedeuteten Typen von Festigkeit sieht man, dass die phraseologischen Verbindungen nicht modellierbar sind und auch den geringsten Synonymaustausch aufweisen.

Bei der Festigkeitsanalyse werden die spanischen und italienischen Phraseologismen auch auf der Ebene der generativen Grammatik verglichen. Bei der generativen Grammatik handelt es sich nach Chomsky (Müller, 1998, 12) um eine Grammatik, die alle grammatischen Sätze einer Sprache generiert und nur diese. Jeder Äußerung wird eine strukturelle Beschreibung zugewiesen, die die Bestandteile und ihre strukturellen Beziehungen anzeigt. Bei der Analyse von Phraseologismen auf der generativen Syntax wird auf die folgende Terminologie von Müller (id.13) zugegriffen.

| Bezeichnung | Bedeutung |
|---|---|
| S → NP VP | Satz |
| NP → (DET) (AP) N (PP) oder<br>NP → (DET) N (AP) (PP) | Nominalphrase |
| VP → V (NP) (PP) | Verbalphrase |
| AP → (Adv) A (PP) | Adjektivphrase |
| PP → P NP | Präpositionalphrase |
| CP | Complementizer Phrase |
| N | Nomen |
| V | Verb |
| A | Adjektiv |
| Adv | Adverb |
| P | Präposition |
| DET | Determinierer |
| COMP | Konjunktion |
| Neg | Negation |

Laut Müller (id. 10) unterscheidet man beim Aufbau der Phrasen eine lexikalische Ebene (Ebene der Wörter) und eine phrasale Ebene. Die lexialischen Kategorien sind N (Nomen), V (Verb), A (Adjektiv), P (Präposition), Adv (Adverb). Die phrasalen Kategorien sind NP (Nominalphrase), VP (Verbalphrase), AP (Adjektivphrase), PP (Präpositionalphrase). Die Regeln, mit denen sich die Phrasen bilden lassen, nennt man Phrasenstrukturregeln (PS-Regeln). Die Interaktion dieser Regeln untereinander ergibt ein Regelsystem, mit dem eine Satzstruktur generiert werden kann.

### 2.3 Idiomatizität

Zu den Hauptkriterien, die Phraseologismen beschreiben, gehört auch die Idiomatizität.

> Der Begriff „Idiomatizität" umfasst einerseits die strukturellen Anomalien, die einen Aspekt der Festigkeit ausmachen, anderseits die spezifisch semantischen Besonderheiten, die viele Phraseologismen von freien Wortverbindungen abheben. [Burger 1998: 31]

Bei der Idiomatizität findet die semantische Umdeutung einzelner Komponenten oder des ganzen Phraseologismus statt. Die Phraseologismenbestehen aus der Zusammensetzung von Elementen, die bei ihrer Interpretation „einen Umweg machen" und von der tatsächlichen Bedeutung ablenken.

> Die semantische Umsetzung, die bei jedem festen Ausdruck vermutet wird, wird durch die Darstellung der spezifischen und partikulären Einheit bestimmt, deren Sinn aus der Bedeutung ihrer Komponenten nicht hervorgehen kann. [Segura García: 1998: 20]

Die einzelnen Komponenten geben ihre freie Bedeutung zu Gunsten einer neuen Bedeutung auf.

Bei einem kontrastiven Vergleich von Phraseologismen spricht man von verschiedenen idiomatischen Äquivalenztypen.

Nach Dobrovols'kij (Dobrovols'kij, 1988, 58) betrachtet man die Phraseologismen einer Ausgangssprache und einer Zielsprache als Äquivalente, wenn es zwischen beideneine ‚Übersetzungsbeziehung' gibt. Also bezieht sich die Äquivalenz sowohl auf die Ausdrucks- als auch auf die Inhaltsstruktur. Es lassen sich jedoch verschiedene Äquivalenzstufen bestimmen.

Die Äquivalenz der Idiomatik bezieht sich auf Äquivalenzen der Inhalts- und Ausdrucksstruktur. Dabei sind die verschieden Kriterien, die eine Äquivalenz bestimmen, wichtig. Als Kriterien gelten nicht nur die Denotation des Phraseologismus, sondern auch das Bild, die idiomatische Struktur und die Konnotationen. So unterscheidet Dobrovols'kij (id. 59) vier Grundtypen von Äquivalenzen. Das sind Volläquivalenz, partielle Äquivalenz, Nulläquivalenz und Scheinäquivalenz, auch *Falsche Freunde* genannt. Innerhalb der partiellen Äquivalenz lassen sich noch verschiedene Untertypen aufstellen, die nach den Kriterien der Bedeutung, des Bildes, der Konnotationen sowie der Valenzen zu unterscheiden sind.

Bei einer Volläquivalenz handelt es sich nach Dobrovols'kij (id. 59) um solche Phraseologismen, welche die gleiche idiomatische Struktur, die gleiche Bedeutung und das gleiche Bild besitzen.

Nach Dobrovols'kij (id. 59) müssen die Phraseologismen aus zwei verschiedenen Sprachen auf mindestens einer Ebene übereinstimmen: der idiomatischen Struktur, der Bedeutung oder des Bildes, um die Teiläquivalenz aufzuweisen.

Unter Nulläquivalenz werden laut Dobrovols'kij (id. 59) kulturspezifische Phraseologismen behandelt, die keinen äquivalenten Phraseologismus in der Zielsprache haben. Sie lassen sich mit Einzellexemen oder Umschreibungen weitergeben.

Unter *Falschen Freunden* bzw. Scheinäquivalenz versteht man nach Dobrovols'kij (id. 59) ein phraseologisches Paar aus zwei verschiedenen Sprachen (AS und ZS), das eine ähnliche Struktur bzw. ein ähnliches Bild besitzt. Dabei haben beide Phraseologismen unterschiedliche Bedeutungen.

### 2.4 Metaphorisierung

> Metapher kommt aus dem Griechischen und bedeutet ‚übertragen', ‚anderswohin tragen'. Ein Wort oder ein Ausdruck ist dann eine Metapher, wenn eine Übertragung von einem oder mehreren Merkmalen eines Elementes (A) auf ein anderes (B) stattfindet. [Segura García: 1998: 25]

In diesem Prozess wird ein Wort nach Segura García (Segura García, 1998, 25) nicht in seiner wörtlichen, sondern in einer übertragenen Bedeutung gebraucht und zwar so, dass zwischen der wörtlich bezeichneten Sache und der im übertragenen Sinne eine Beziehung der Ähnlichkeit besteht.

Jede Sprache besitzt eine bestimmte Struktur und Regeln, die auf verschiedenen Ebenen wie semantische, morphosyntaktische, oder lexikalische beruht die ihrerseits immer wieder in Kontakt treten, wenn sich eine Sprache in ihrer komplexen Form realisieren lässt.

Man könnte die Sprache auch als eine Art Zeichensystem ohne Struktur und Regel betrachten. In diesem Fall wäre es möglich, die Zeichen willkürlich miteinander zu kombinieren. Wäre so was geschehen, könnte man die Sprache gar nicht verstehen und wenn auf die Regeln nur teilweise geachtet wird – z.B. achtet man nur auf Syntax und nicht auf Semantik –, gibt es in jedem Fall Verständigungsprobleme.

Sprache ist also ein komplexer Mechanismus, bei dessen Realisierung viele Aspekte berücksichtigt werden müssen. Phraseologismen gehören zu diesen besonderen Aspekten der Sprache, denn ohne Metaphorisierung ergeben sie keinen Sinn. Ansonsten könnten sich wie die oben genannten Zeichen benehmen, die auf keine Regel und Struktur achten müssen. Für die Bildung von Phraseologismen ist der Metaphorisierungsprozess sehr wichtig. Die metaphorische Bedeutung wird durch Assoziationen vermittelt. Dabei ist nach Segura García (id. 26)die vertiefte Beherrschung der Sprache von Bedeutung, denn es muss eine Verbindung zwischen der tatsächlichen Bedeutung des Wortes außerhalbdes Phraseologismus und der metaphorischen Bedeutung des Wortes in diesem Prozess festgestellt werden oder anders gesagt: zwischen tatsächlicher und übertragener Bedeutung. Damit dieser komplizierte Prozess erfolgreich funktioniert, muss zwischen tatsächlicher und übertragener Bedeutung des Wortes eine Art der Beziehung der Ähnlichkeit oder eine so genannte Konnektivität bestehen. Andersfalls könnte man nicht so schnell die gesuchte Bedeutung des Phraseologismus entziffern.

Nr. 1:

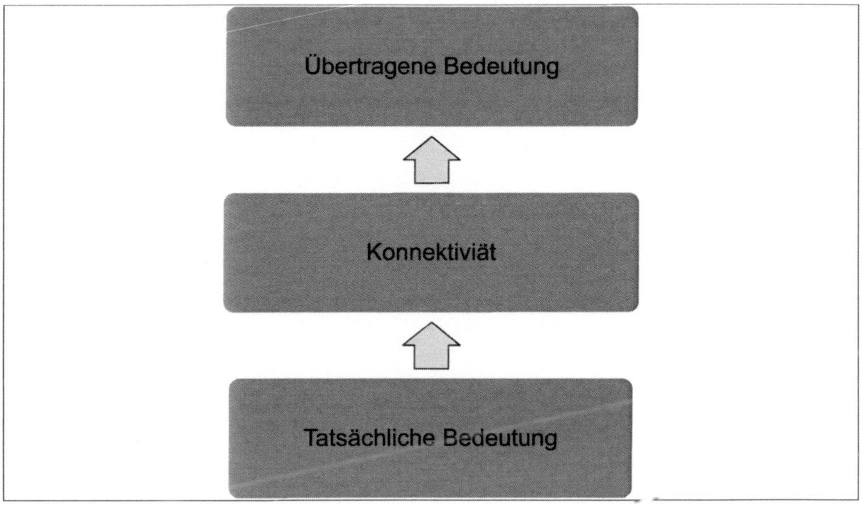


Nach Segura García (id. 28) beruht die große Teile des idiomatischen Bestandes auf einer metaphorischen Bildung. Nur in wenigen Fällen trifft diese Regel nicht zu.

> Eine idiomatische Verbindung entsteht auch ‚durch die Spezialisierung nichtübertragener Sememe' (Fleischer, 1982, 38). Zahlwörter, Eigennamen und bestimmte Verben tragen auch zu Bildung von Idiomen bei.[Segura García 1998: 29]

Die Metaphorizität kann nach Segura García (id. 28) in Laufe der Zeit durch ständige Wiederholung verloren gehen, so dass man in manchen Fällen Bild und Bedeutung nicht mehr unterscheiden kann, wie z. B. bei solchen spanischen und italienischen Phraseologismen, wie*Ser un pan de Dios (span.) – Essere un pezzo di pane (it) – Ein Seele von Mensch sein (dt.)*. Die Methaphorizität dieser Idiome ist verloren gegangen, Bild und Bedeutung hängen aber noch zusammen, auch wenn das Bild nicht mehr anschaulich ist.

## 2.5 Pragmatische Festigkeit

Phraseologismen verfügen auch über solche Eigenschaften wie pragmatische Festigkeit, die besagt, dass die Phraseologismen an bestimmte Alltagssituationen und Gewohnheiten gebunden sein können.

> Was die pragmatischen Funktionen von Phraselogismen angeht, versteht man die speziellen Wirkungsmöglichkeiten darunter, die zur Unterstützung der Intention des Senders dienen. [Fleischer 1982: 221]

Nach Fleischer (Fleischer, 1982, 221) können Phraseologismen als Indikatoren des sozialen Verhältnisses zwischen den Kommunikationspartnern gelten. Die Wahl der entsprechenden phraseologischen Konstruktion kann z. B. bei Herstellung von Kontakten dazu beitragen, eine Atmosphäre des Vertrauens zu schaffen odereine soziale Zusammengehörigkeit zu betonen. Ein emotionaler Zustand, sowohl ein positiver als auch negativer, kann vom Sender auf den Empfänger durch Phraseologismen übertragen werden. Es kann auch Kritik ausgeübt oder zu aufrichtigem Verhalten aufgefordert werden. Die Phraseologismen des analysierten Korpus werden auch durch pragmatische Festigkeit markiert.

Nr. 2:

| **Pragmatische Festigkeit** | |
|---|---|
| **Spanisch** | **Italienisch** |
| Decir cosas sin orden ni concierto (span.)<br>(dt. Id.: dummes Zeug reden) | Dare i numeri (it.)<br>(dt. Id.: dummes Zeug reden) |
| No tener ni pies ni cabeza (span.)<br>(dt. Id.: weder Hand noch Fuß haben) | Non avere né capo né coda (it.)<br>(dt. Id.: weder Hand noch Fuß haben) |
| Ponerse de todos los colores (span.)<br>(dt. Id.: die Farbe wechseln) | Diventare di tutti i colori (it.)<br>(dt. Id.: die Farbe wechseln) |

Aus dem Beispiel geht hervor, dass sowohl die spanischenals auch die italienischen Phraseologismen im pragmatischen Sinn benutzt werden können. Das phraseologische Paar wie *Decir cosas sin orden ni concierto (span.) - Dare i numeri (it.)*und *No tener ni pies ni cabeza (span.) - Non avere né capo né coda (it.)* kann zur Ausübung der Kritik verwendet werden, während das phraseologische Paar wie *Ponerse de todos los colores (span.) - Diventare di tutti i colori (it.)* einen emotionalen Zustand ausdrücken.

## 2.6 Psycholinguistischer Aspekt

Seit den 1970er-Jahren betrachten Autoren wie Burger die Phraseologie unter psycholinguistischem Aspekt (Burger, 1982, 9). Nach dieser Theorie weisen die Phraseologismen solche Arten der Festigkeit auf wie die psycholinguistische. Es geht bei der Psycholinguistik angesichts von Phraseologismen darum, wie feste Wortverbindungen gespeichert und dann beim Hören verarbeitet und schließlich beim Sprechen verwendet werden (Burger, 2007, 17). Die psycholinguistische Festigkeit besagt, dass Phraseologismen im mentalen Lexikon fest verfügbar sind und reproduziert werden können. Der psycholinguistischer Prozess ist sehr komplex und verantwortlich für die Produktion der Rede.

Dieser Prozess der Phraseologieforschung überschneidet sich auch mit dem Ansatz nach Chomsky (Chomsky, 1981, 85). Laut diesem Ansatz können Phraseologismen auf D-Strukturebene (Tiefenstruktur, deep structure) und nicht auf der S-Strukturebene (syntaktische Ebene) erfasst werden. Chomsky (id. 86) unterscheidetzwischen „Oberflächenstrukturen“ und „Tiefenstrukturen“, die man mit der „äußeren“ und „inneren“ Form des Satzes erklärt. Bei der Tiefenstruktur geht es nach Chomsky (id. 86) darum, dass sie die semantische Interpretation der Sprache bestimmt. Beider Oberflächenstruktur geht es dagegen um die Darstellung der Syntax eines Satzes. Dabei liegt jeder Oberflächenstruktur eine Tiefenstruktur zu Grunde. Bevor die Tiefenstruktur zu Oberflächenstruktur wird, läuft sie mehrere Transformationsphasen durch.

Die Bildung von Phraseologismen ist also mit dem psycholinguistischen Prozess verbunden. Die tiefen Gedanken, die sich auf der Tiefenstrukturebene befinden, können bei der Reproduktion der Rede mithilfe verschiedener Wörter formuliert werden, bevor sie die äußere Form annehmen. Weil die Phraseologismen zur Tiefenstrukturebene gehören, kann dann das Endergebnis, das die äußere Form des Satzes darstellt, verschiedene syntaktische Formen annehmen. Das folgende Diagramm zeigt die Verhältnisse von Tiefen- und Oberflächenstrukturen.

Nr. 3:

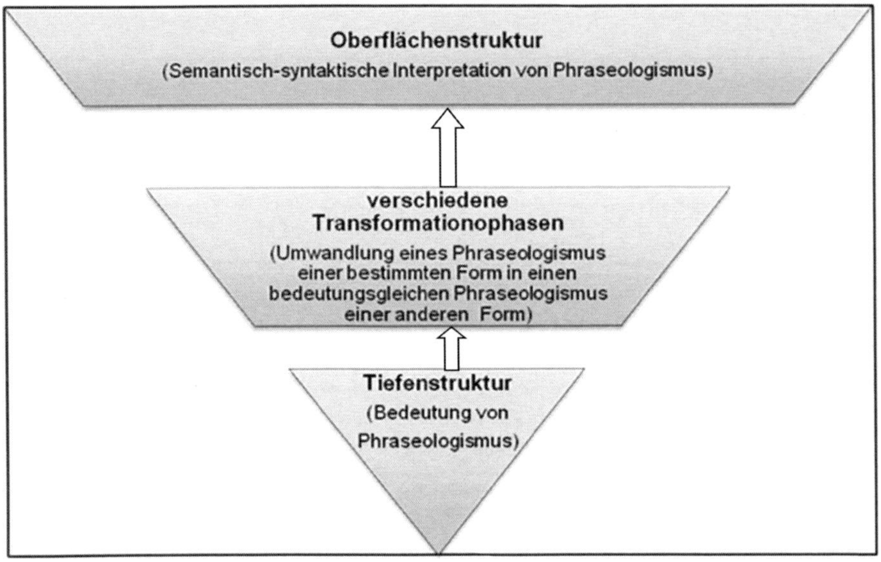


Anhand des analysierten Korpus können die spanischen und die ihnen entsprechenden italienischen Phraseologismen der Kategorie *Inteligencia (span.) – Intelligenz (dt.)* gemäß diesem Diagramm so dargestellt werden.

Nr. 4:

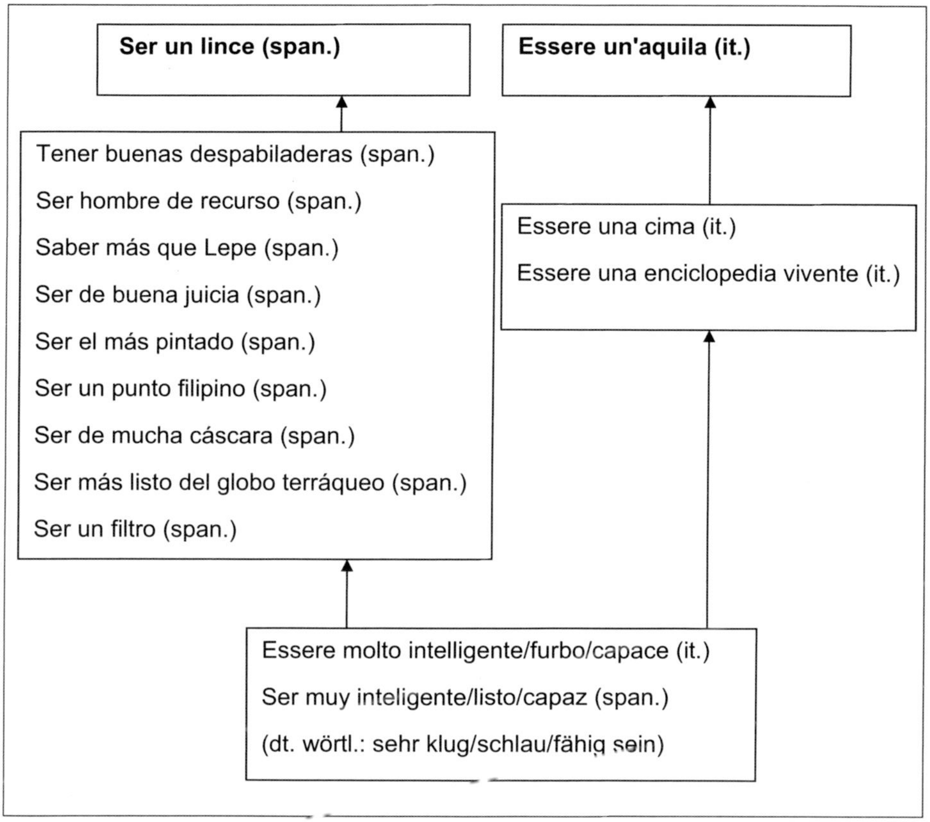


Anhand des Beispiels kann man sehen, dass die Phraseologismen bei ihrer Bildung verschiedene Phasen durchlaufen. Man geht von der Bedeutung aus, die jedem Phraseologismus zu Grunde liegt, um an das Endergebnis zu kommen. Das Beispiel zeigt, wie die Formation vom spanischen *Ser un lince (span.) – sehr klug sein (dt.)* und dem entsprechenden italienischen Phraseologismus *Essere un'aquila (it.) – sehr klug sein (dt.)* abläuft. Der spanische Phraseologismus hat mehr Synonyme als der entsprechende italienische (das betrifft nur das analysierte Korpus), deswegen hat man bei der Transformationsphase eine größere Auswahl an Phraseologismen, wenn man von der gleichen Bedeutung ausgeht. In diesem Fall schwanken aber die Bedeutungen sowohl der spanischen als auch der italienischen Synonyme. Ein Phraseologismus kann in diesem Fall *schlau sein* bedeuten, während anderer seine

Bedeutung erweitert und *klug und schlau sein* bedeutet. Schon bei der Bedeutungsanalyse wird es differenziert und nach genauer Bedeutungsentsprechung gesucht.

### 2.7 Kognitiver Aspekt

Neben dem psycholinguistischen ist der kognitive Aspekt von Phraseologismen von großer Bedeutung. So ist Dobrovol'skij (Dobrovol'skij, 1995, 20) mit solchen Autoren wie Fillmore, Kay und O'Connor einverstanden, dass der kognitiven Basis von Phraseologismen ihre Irregularität und „Abnormalität" zu Grunde liegen.

> We think of a locution or manner of speaking as idiomatic if it assigned an interpretation by the speech community but if somebody who merely knew the grammar and the vocabulary of the language could not, by virtue of that knowledge alone, know (i) how to say it, or (ii) what it means, or (iii) whether it is a conventional thing to say. Put differently, an idiomatic expression or construction is something a language user could fail to know while knowing everything else in the language. [Dobrovol'skij 1995: 20]

Dobrovol'skij (id. 21) meint, dass die traditionelle Phraseologieforschung oft zu wenig klassenbildende Kriterien anbietet, um die Phraseologismen zu definieren. Oft werden in diesen Fällen relevante Merkmale einer phraseologischen Einheit aufgrund der Kriterien der Stabilität und Reproduzierbarkeit aufgezählt und als Folgen der strukturell-semantischen Irregularität bezeichnet. Dabei werden die Phraseologismen, die surrealistische Erklärung benötigen, ausgeschlossen.

Nach Dobrovol'skij (id. 22) gibt es solche Phraseologismen, die keine wörtliche Lesart zulassen, was bedeutet, dass sie der Realität nicht entsprechen. Sie haben also keine übertragene Bedeutung.Eine semantische Entität kann nach Dobrovol'skij (id. 22) aber nur dann als „übertragen" interpretiert werden, wenn der „wörtliche" Hintergrund vorhanden ist. Ohne die Möglichkeit, eine Lexikoneinheit (d.h. mit Referenz auf Begebenheiten der aktuellen Welt) zu interpretieren, kann man nicht von ihrer übertragenen Lesart sprechen. Solche Phraseologismen kann man als surrealistisch einstufen. Übertragen gelten solche Einheiten, die wirklich zwei Lesarten zulassen. Im analysierten Korpus findet man zahlreiche Phraseologismen sowohl mit der surrealistischen, als auch mit der übertragenen Lesart.

Nr. 5:

| **Übertragen** | **Surrealistisch** |
|---|---|
| *Ser la oveja negra (span.)*<br>*Essere la pecora nera (it.)*<br>(dt. Id.: das schwarze Schaf sein) | *Tener nervios de acero (span.)*<br>*Avere nervi d'acciaio (it.)*<br>(dt. Id.: Nerven wie Drahtseile haben) |
| *Ser un buen partido (span.)*<br>*Essere un buon partito (it.)*<br>(dt. Id.: eine gute Partie sein) | *Tener un corazón de oro (span.)*<br>*Avere un cuore d'oro (it.)*<br>(dt. Id.: ein Herz aus Gold haben) |
| *Ser el último grito (span.)*<br>*Essere l'ultimo grido (it.)*<br>(dt. Id.: der letzte Schrei sein) | *Tener el cerebro de un grillo (span.)*<br>*Avere il pancotto al posto del cervello (it.)*<br>(dt. Id.: ein Spatzenhirn haben) |
| *Ser la bestia negra (span.)*<br>*Essere la bestia nera (it.)*<br>(dt. Id.: der Angstgegner von jemandem sein) | *Tener un tenis en la cabeza (span.)*<br>*Essere duro di cervello (it.)*<br>(dt. Id.: schwer von Begriff sein) |
| *Ser una momia (span.)*<br>*Essere una mummia (it.)*<br>(dt. Id.: sehr alt sein) | *Estar hecho un mulo (span.)*<br>*Avere muscoli d'acciaio (it.)*<br>(dt. Id.: bärenstark sein) |
| *Ver todo negro (span.)*<br>*Vedere tutto nero (it.)*<br>(dt. Id.: Alles schwarz sehen) | *Tener la cabeza llena de pájaros (span.)*<br>*Avere dei grilli per la testa (it.)*<br>(dt. Id.: Flausen im Kopf haben) |
| *Ser una birria (span.)*<br>*Essere una pizza (it.)*<br>(dt. Id.: sehr langweilig sein) | *Tener la cabeza llena de serrín (span.)*<br>*Avere la testa piena di segatura (it.)*<br>(dt. Id.: Stroh im Kopf haben) |
| *Ser un plomo (span.)*<br>*Essere una bella zuppa (it.)*<br>(dt. Id.: öde sein) | *No ser ni carne ni pescado (span.)*<br>*Non essere né carne né pesce (it.)*<br>(dt. Id.: weder Fisch noch Fleisch sein) |
| *Ser la sombra de alguien (span.)*<br>*Essere l'ombra di qualcuno (it.)*<br>(dt. Id.: jemandes Schatten sein) | *Tener un estómago de hierro (span.)*<br>*Avere uno stomaco di ferro (it.)*<br>(dt. Id: der eiserne Magen sein) |

An diesem Beispiel sieht man, dass die Phraseologismen mit der übertragenen Bedeutung tatsächlich zwei Lesarten zulassen. *La oveja negra (span.) - la pecora nera (it.) - das schwarze Schaf (dt.)* kann in Wirklichkeit ein schwarzes Schaf sein. In diesem Fall handelt es sich um die wörtliche Lesart. Es kann aber ein Mensch oder ein Tier bezeichnet werden, das durch ein ungewöhnliches Verhalten oder Aussehen gekennzeichnet ist. In diesem Fall geht es um die übertragene Lesart.

Wenn man aber nur die Phraseologismen, die beide Lesarten darbieten – sowohl die wörtliche als auch übertragene – als Phraseologismen einstuft, werden die surrealistischen ausgeschlossen, weil sie eben über die übertragene Lesart nicht verfügen. Ein solcher Phraseologismus wie *Tener nervios de acero (span.) - Avere nervi d'acciaio (it.) - Nerven wie Drahtseile haben (dt.)*, lässt keine übertragene Lesart zu, denn in Wirklichkeit kann man keine Nerven aus Stahl haben, weil das eben nicht der Realität entspricht.

Doch kann man solche Phraseologismen auf keinem Fall unbeachtet lassen nur deswegen, weil sie den wenigen klassenbildenden Kriterien der traditionellen Phraseologieforschung nicht entsprechen. Dazu bietet Dobrovol'skij (id. 22) semantische Ambiguität als das potenzielle klassenbildende Kriterium an, denn das kann die Phraseologismen, deren wörtliche Lesart als sehr unwahrscheinlich erscheint, identifizieren und erklären.

Für die Bildung von Phraseologismen sind kognitive Prozesse verantwortlich, denn oft kann man manche Phraseologismen keiner Struktur oder Klassifikation unterordnen.

Der Standpunkt der kognitiven Linguistik überschneidet sich mit dem der Psycholinguistik, was den phraseologischen Prozess angeht. Beide gehen davon aus, dass der Bildungsprozess von Phraseologismen eng mit tiefen mentalen Prozessen verbunden ist und es wäre einfach nicht genug, diesen Prozess nur auf strukturelle Ebene zu reduzieren.

# Empirischer Teil

## 3 Phraseologismenkategorisierung

Neben der Festlegung phraseologischer Merkmale stellen auch die verschiedenen Klassifikationsversuche bei Phraseologismen ein Problem dar. Das liegt an der Komplexität der Phraseologismen als sprachliche Zeichen. Die Klassifikationskriterien stoßen ständig an Grenzen und Ausnahmen.

Die spanischen Phraseologismen werden den italienischen im Korpus gegenübergestellt und auf Ähnlichkeiten und Unterschiede untersucht. Die Bedeutungserklärung von untersuchten Phraseologismen trägt dazu bei, die Phraseologismen genauer zu kategorisieren. Dabei werden im Korpus Haupt- und Nebenkategorien und seltene Kategorien hervorgehoben.

Nr. 6:

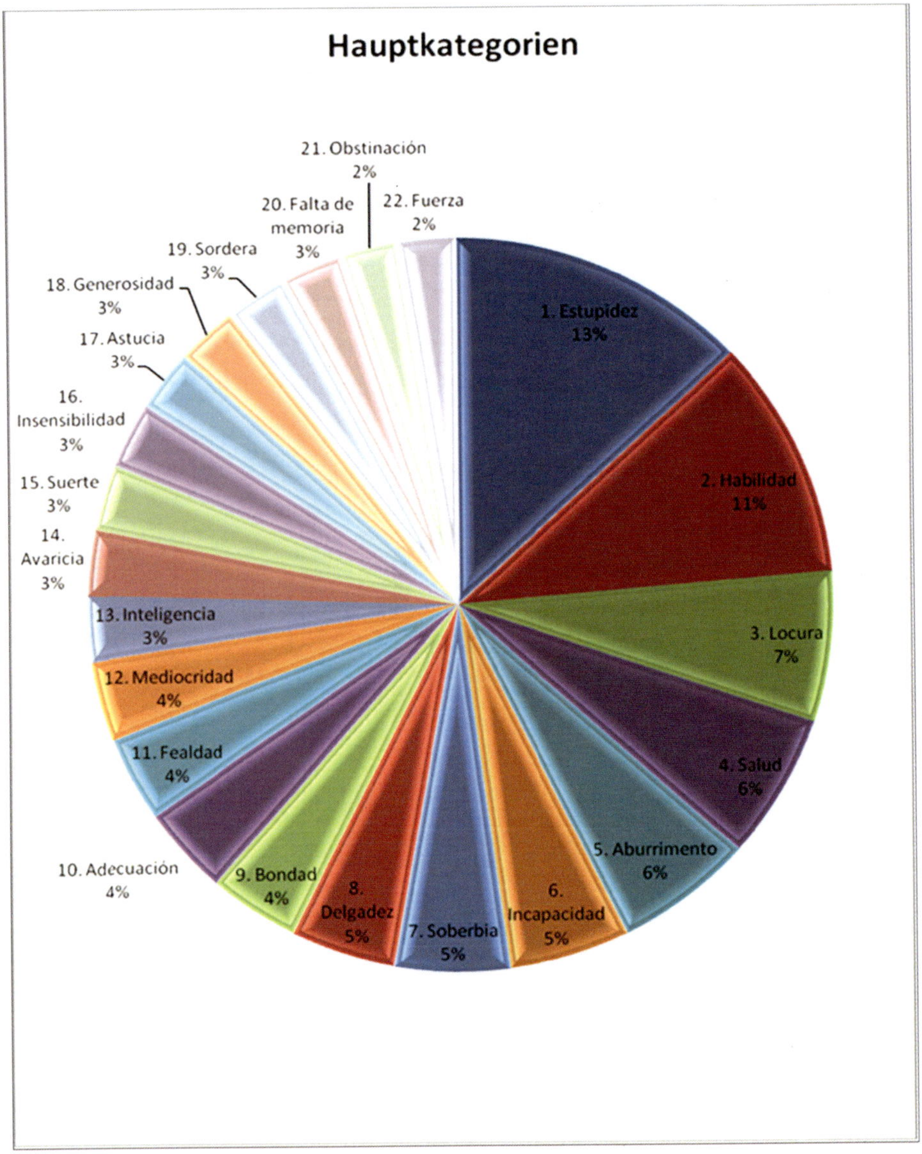
Hauptkategorien
1. Estupidez 13%
2. Habilidad 11%
3. Locura 7%
4. Salud 6%
5. Aburrimento 6%
6. Incapacidad 5%
7. Soberbia 5%
8. Delgadez 5%
9. Bondad 4%
10. Adecuación 4%
11. Fealdad 4%
12. Mediocridad 4%
13. Inteligencia 3%
14. Avaricia 3%
15. Suerte 3%
16. Insensibilidad 3%
17. Astucia 3%
18. Generosidad 3%
19. Sordera 3%
20. Falta de memoria 3%
21. Obstinación 2%
22. Fuerza 2%

Nr. 7:

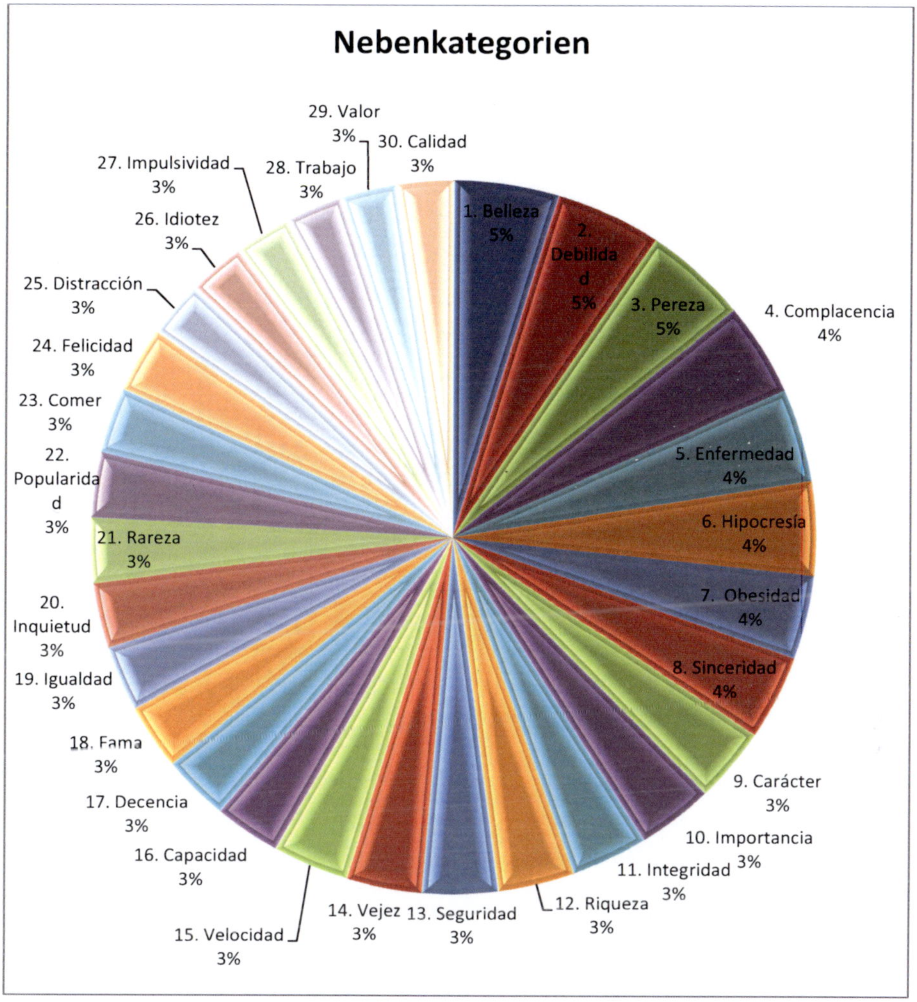
Nebenkategorien
1. Belleza 5%
2. Debilidad 5%
3. Pereza 5%
4. Complacencia 4%
5. Enfermedad 4%
6. Hipocresía 4%
7. Obesidad 4%
8. Sinceridad 4%
9. Carácter 3%
10. Importancia 3%
11. Integridad 3%
12. Riqueza 3%
13. Seguridad 3%
14. Vejez 3%
15. Velocidad 3%
16. Capacidad 3%
17. Decencia 3%
18. Fama 3%
19. Igualdad 3%
20. Inquietud 3%
21. Rareza 3%
22. Popularidad 3%
23. Comer 3%
24. Felicidad 3%
25. Distracción 3%
26. Idiotez 3%
27. Impulsividad 3%
28. Trabajo 3%
29. Valor 3%
30. Calidad 3%

Nr. 8:

| Seltene Kategorien | |
|---|---|
| **Kaegorie** | **Zahl von Phraseologismen** |
| 1. Apariencia | **5** |
| 2. Dinero | **5** |
| 3. Dureza | **5** |
| 4. Falta de carácter | **5** |
| 5. Influencia | **5** |
| 6. Aprovechamiento | **5** |
| 7. Inagotabilidad | **5** |
| 8. Obstaculo | **5** |
| 9. Dificultad | **4** |
| 10. Facilidad | **4** |
| 11. Decadencia | **4** |
| 12. Delincuencia | **4** |
| 13. Falta de honradez | **4** |
| 14. Maravilla | **4** |
| 15. Paciencia | **4** |
| 16. Presunción | **4** |
| 17. Torpeza | **4** |
| 18. Venenosidad | **4** |
| 19. Viveza | **4** |
| 20. Vista | **4** |

Ein tausend spanische und ein tausend italienische Phraseologismen werden anhand solcher Kriterien wie festen Eigenschaften und Merkmalen von Personen und Sachen ausgewählt und in Kategorien eingeteilt. Die Phraseologismen werden in beiden Sprachen äquivalent dargestellt. Das Korpus baut auf dem unilateralen Prinzip auf, nur in eine Richtung: vom Spanischen ins Italienische, wobei jedem spanischen Phraseologismus ein italienischer entspricht.

Um die Interferenzen von semantischen, syntaktischen und idiomatischen Strukturen zu vermeiden, wurde bei der Erstellung des Korpus mit Synonymen gearbeitet.Das geschiehtnur in den Fällen, in denen im Spanischen Synonyme vorkommen, die ins Italienische nur mit dem gleichen bzw.dem wiederholten Phraseologismus übersetzt werden können. In diesen Fällen kommt der spanische Phraseologismus nur einmal in seiner syntaktischen Form vorund der italienische kann sich wiederholen, was natürlich das Korpus nicht umdrehen kann.

In manchen Fällen wurde aber mehr Synonyme von Phraseologismen in der ZP gefunden als in der AS schon vorhanden waren, was natürlich dazu führte, dass sie einfach weggelassen werden mussten, um die Gleichgewicht im Korpus beizubehalten.

Die Analyse lässt sich auf dem kontrastiven Niveau gut durchführen, weil das Korpus auf dem folgenden Modell gebaut ist:

Nr. 9:

| **Spanisch** | **Italienisch** |
|---|---|
| Phraseologismus | Phraseologismus |
| Phraseologismus - Synonym | Phraseologismus - Wiederholung |

Da die ausgesuchten Phraseologismen ein bestimmtes Modell darstellen, weil sie auf syntaktischer Ebene öfters eine ähnliche Struktur aufweisen, ist die Grundlage des Vergleichs – *Tertium comparationis*, die die metaphorische Bedeutung der Phraseologismen in der Arbeit darstellt, sehr wichtig.

# 4 Polylexikalische Analyse

Bei der polylexikalischen Analyse werden die spanischen und italienischen Phraseologismen von solchen Kategorien des Korpus wie *körperliche und geistliche Eigenschaften des Menschen* im kontrastiven Vergleich auf Polylexikalität untersucht. Die spanischen Phraseologismen werden den italienischen gegenübergestellt und auf Autosemantik und Synsemantik untersucht, dabei werden die Bildträger, die durch semantische Umdeutung geprägt sind, bei den bedeutungstragenden Wörtern identifiziert.

## 4.1 Kategorien *körperliche Eigenschaften des* Menschen

Bei der Bewertung von Phraseologismen stellte man fest, dass die körperlichen Eigenschaften von Menschen nicht zu Hauptkategorien des Korpus gehöhren. Außer der Kategorien *Delgadez (span.) – Schlankeit/Magerkeit (dt.)*, *Fealdad (span.) – Hässlichkeit (dt.)*, *Fueza (span.) – Kraft/Stärke (dt.)* und *Salud (span.) – Gesundheit (dt.)*, die zu den Hauptkategorie gehören, findet man beiNebenkategorien nur *Obesidad (span.) – Fettleibigkeit (dt.)*, *Vejez (span.) – Alter/Greisenalter (dt.)*, *Enfermedad (pan.) – Krankheit (dt.)*, *Debilidad (span.) – Schwäche (dt.)* und *Belleza (span.) – Schönheit (dt.)*. Dic Kategorie *Juventud (span.) – Jugend (dt.)* gehört zu den seltenen Kategorien des Korpus. Die Kategorie *Debilidad (span.) – Schwäche (dt.)* präsentiert nicht nur die körperliche Schwäche, sondern auch die geistige, was sie natürlich aus dieser Gruppe nicht ausschließt. Alle genanten Kategorien bilden die Gegensatzpaare und einzelne Beispiele werden in folgender Tabelle dargestellt und analysiert.

Nr. 10:

| Kategorie<br>Zahl der Phraseologismen im Korpus | Spanisch | Italienisch |
|---|---|---|
| | **Bewertung der körperlichen Eigenschaften des Menschen** | |
| ***Delgadez/Obesidad***<br>***22 – 9*** | *Estar delgado como un espárrago*<br>(dt. wörtl.: sehr dünn/mager sein) | *Essere secco come un chiodo*<br>(dt. wörtl.: sehr dünn/mager sein) |
| | *Estar como una vaca gorda*<br>(dt. wörtl.: sehr dick/übergewichtig sein) | *Essere grasso come una balena*<br>(dt. wörtl.: sehr dick/übergewichtig sein) |
| ***Belleza/Fealdad***<br>***11 – 18*** | *Parecer una imagen*<br>(dt. wörtl.: sehr schön sein) | *Essere come dipinto*<br>(dt. wörtl.: sehr schön sein) |
| | *Ser más feo que el pecado*<br>(dt. wörtl.: sehr hässlich sein) | *Essere brutto come la fame*<br>(dt. wörtl.: sehr hässlich sein) |
| ***Fueza/Debilidad***<br>***12 – 11*** | *Estar hecho un toro*<br>(dt. wörtl.: sehr stark sein – physisch) | *Essere forte come un toro*<br>(dt. wörtl.: sehr stark sein – physisch) |
| | *Ser una calamidad*<br>(dt. wörtl.: sehr schwach sein – physisch und moralisch) | *Essere di pastafrolla*<br>(dt. wörtl.: sehr schwach sein – physisch und moralisch) |
| ***Juventud/Vejez***<br>***3 – 8*** | *Ser una criatura*<br>(dt. wörtl.: noch sehr jung sein) | *Essere nel verde degli anni*<br>(dt. wörtl.: noch sehr jung sein) |
| | *Ser una momia*<br>(dt. wörtl.: sehr alt sein) | *Essere una mummia*<br>(dt. wörtl.: sehr alt sein) |
| ***Salud/Enfermedad***<br>***31 – 10*** | *Estar sano como una manzana*<br>(dt. Id.: kerngesund sein) | *Essere sano come un pesce*<br>(dt. Id.: kerngesund sein) |
| | *Estar hecho un emplasto*<br>(dt. wörtl.: kränklich sein) | *Non avere una buona cera*<br>(dt. wörtl.: kränklich sein) |

In der Tabelle kann man deutlich sehen, dass die Gegensatzpaare in quantitativer Sicht sehr unterschiedlichzueinander stehen. Alle Kategorien zeigen auffällige körperliche Eigenschaften. Sowohl im negativen als auch im positiven Aspekt zeichnen sich die Phraseologismen durch eine deutliche Tendenz hin zur Bezeichnung von extremen körperlichen Charakteristiken aus. Sie tendieren auch zur Übertreibung, wenn die Bildlichkeit der Bedeutung stärker auffallen muss. Im analysierten Korpus gibt es gar keine Phraseologismen, die normale, nicht außergewöhnliche körperliche Eigenschaften wie z.B. „weder dick noch dünn sein" zeigen, was natürlich noch mal darauf hinweist, dass die Phraseologismen eine starke Neigung dazu haben, extreme körperliche Eigenschaften zu bezeichnen.

Sowohl die spanischen als auch die italienischen Phraseologismen dieserGegensatzgruppen zeichnen sich durch syntaktische Stabilität aus, weil sie in ihrer Syntax unveränderbar sind. Die Zahl ihrer Komponentenbesteht aus mehreren Lexemen.

### 4.1.1 Polylexikalität *Delgadez/Obesidad*

Bei dem Gegensatzpaar *Delgadez/Obesidad (span.)* ist der quantitative Unterschied sehr groß. Die Kategorie *Delgadez (span.) – Schlankheit/Magerkeit (dt.)* setzt sich deutlich gegenüber *Obesidad (span.) – Übergewicht (dt.)* durch, was natürlich nur für dieses Korpus gilt und nicht für andere phraseologische Sammlungen. Auf der semantischen Ebene verhalten sich die spanischen und italienischen Phraseologismen in der Kategorie *Delgadez (span.)* unterschiedlich. Während der spanische Phraseologismus*Estar delgado como un espárrago (span.)* drei autosemantische Wörter (*estar, delgado, espárrago*) und ein synsemantisches*(como)* aufweist, weist der italienische Phraseologismus *Essere secco come un chiodo (it.)* drei autosemantische Wörter (*essere, secco, chiodo*) und zwei synsemantische Wörter *(come, uno)* auf. Bei dem spanischen Phraseologismus dagegen nimmt nur das Wort (*espárrago*) eine semantische Umdeutung an, währendes im italienischen Phraseologismus zwei Wörter (*secco* und *chiodo*) sind. Bei dem italienischen Wort *secco (it.)* könnte es sich um eine teilweise semantische Umdeutung handeln, weil der Bedeutungssprung zwischen der autosemantischen Bedeutung des Wortes *secco (span.) – trocken (dt.)* und des Wortes *magro (span.) – mager (dt.)* nicht so prägnant ist. Das Wort *secco (it.)* ist hier lexikalisiert worden, denn es existiert schon ein italienischer Phraseologismus *Essere magro come un chiodo (it.)*, was natürlich darauf hinweist, dass die beiden Phraseologismen eine äquivalente Bedeutung haben und semantisch substituierbar sind.

Bei der Kategorie *Obesidad (span.)* – *Übergewicht (dt.)* weist der spanische Phraseologismus*Estar como una vaca gorda (span.)* drei autosemantische Wörter (*estar, vaca, gorda*) und zwei synsemantische *(como, una)* auf. Der italienische Phraseologismus *Essere grasso come una balena (it.)* enthält in dieser Kategorie ebenso zwei autosemantische Wörter (*essere, grasso*). Bei dem spanischen Phraseologismus nimmt das Wort *vaca* eine semantische Umdeutung an, bei dem italienischen dagegen ist das Wort *balena*. Die Wörter, die Übergewicht bezeichnen, stammen aus dem Tierbereich und beide repräsentieren große, massive Tiere, was es natürlich einfacher macht,sie mit *Übergewicht* zu assoziieren.

Bei der Kategorie *Obesidad (span.)*tauchen auch solche Phraseologismen wie*Estar entrado en carnes (span.)* und *Stare bene in carne (it.)* auf. Beide haben eine Bedeutung, die von anderen Phraseologismen dieser Kategorie ein wenig abweicht. Sie bedeuten *beleibt/füllig* zu sein und nicht *übergewichtig*. Die beiden wurden dennoch dieser Kategorie zugeordnet, weil sie eben ein ähnliches semantisches Bild aufrufen. Für die semantische Bildlichkeit sorgt in beiden Phraseologismen das Wort *carne (span.) -Fleisch (dt.)*, im Spanischen*carnes (Pl.)*, was schon eine Verbindung mit dem Körper herstellt und damit mit der semantischen Kette *Leib – beleibt – füllig*.

### 4.1.2 Polylexikalität *Belleza/Fealdad*

Bei dem Gegensatzpaar *Belleza/Fealdad (span.) - Schönheit/Hässlichkeit (dt.)*hat die Kategorie *Fealdad (span.) - Hässlichkeit (dt.)* einen quantitativen Vorsprung. Beide Phraseologismen der Kategorie *Belleza*, sowohl der spanische als auch der italienische, weisen zwei autosemantische Wörter und nur einziges synsemantisches Wort auf. Im spanischen Phraseologismus *Parecer una imagen (span.)* sind es die Wörter (*parecer, imagen*) autosemantisch und *(una)* synsemantisch, während im italienischen *Essere come dipinto (it.)*die Wörter (*essere, dipinto*) autosemantisch und *(come)* synsemantisch sind.

Sowohl im spanischen als auch im italienischen Phraseologismus der Kategorie *Belleza (span.)*hat bei den Wörtern *imagen* (span.) und *dipinto (it.)* nur teilweise eine semantische Umdeutung stattgefunden. Die Wörter *imagen (span.) – Bild (dt.) und dipinto (it.) – gemalt (dt.)* rufen offenbar ein Bild im Gedächtnis auf, das unmittelbar mit Schönheit verbunden wird. In diesem Fall spricht man über den Wandel des Bestandes und über die integrierte Bedeutung (Segura García, 1998, 24). Bei den Wörtern*imagen (span.)* und *dipinto (it.)* ist bei diesen Phraseologismen die Bedeutung schon mit integriert. Sie haben ihreautosemantische Bedeutung in die Phraseologismen transferiert und ihre ursprüngliche Bedeutung ist mit übertragener verschmolzen worden.

In der Kategorie *Belleza* gibt es einen Phraseologismus *Ser un rollito de manteca (span.)*, der im Deutschen so gut wie *Ein Speckröllchen sein (dt.)* bedeutet. Dieser Phraseologismus wird aber nur in Bezug auf Kinder verwendet, was natürlich Speckröllchen bei Kindern mit Gesundheit assoziiert und damit mit Schönheit. Bei diesem Phraseologismus haben die Wörter (*rollito*, *manteca*) ihre vollständige Bedeutung durcheine semantische Umdeutung erworben.

Bei der Kategorie *Fealdad (span.)*weist der spanische Phraseologismus *Ser más feo que el pecado (span.)* drei autosemantische Wörter (*ser, feo, pecado*) und drei synsemantische *(más, que, el)* auf. Bei dem italienischenPhraseologismus *Essere brutto come la fame (it.)* sind das drei autosemantische (*essere, brutto, fame*) und zwei *(come, la)* synsemantisch Wörter

Das Wort *pecado (span.) – Sünde (dt.)*kann man bei dem spanischen Phraseologismus als Wort mit integrierter Bedeutung betrachten, weil es schon eine negative Bedeutung in sich trägt. Durch seine negative Konnotation bringt dieses Wort eine Bedeutung mit, die man mit *Fealdad (span.) – Hässlichkeit (dt.)*automatisch verbindet.

Bei dem italienischen Wort *fame (it.)* hat ein semantischer Wandel stattgefunden. Dieses Wort verfügt über starke negative Konnotation und überträgt sie auf die Bedeutung des Phraseologismus. Dabei kommt man sofort zu der Bedeutung, die man mit *Fealdad (span.) – Hässlichkeit (dt.)*assoziiert.

Der Unterschied zwischen *pecado (span.)* und *fame (it.)* liegt darin, dass, während *pecado (span.)* von Menschen ausgeht, *fame (it.)* unabhängig von menschlichen Verhalten entsteht, was natürlich bei negativer Konnotation keine entscheidende Rolle spielt.

### 4.1.3 Polylexikalität *Fueza/Debilidad*

Bei dem Gegensatzpaar *Fueza/Debilidad (span.)* ist der Unterschied nicht so groß und sie gleichen sich fast an und obwohl *Fuerza (span.) - Kraft/Stärke (dt.)* zu den Hauptkategorien und *Debilidad (span.) - Schwäche (dt.)* zu den Nebenkategorien gehört, liegt der Unterschied nur noch in einem Phraseologismus.

Sowohl bei dem spanischen Phraseologismus *Estar hecho un toro (span.)* der Kategorie *Fuerza (span.)* als auch beim italienischen *Essere forte come un toro (it.)*, haben dreiWörter autosemantische Bedeutung. Im Spanischen sind es die Wörter*estar, hecho, toro*, im Italienischen die Wörter *essere, forte, toro*. Der spanische Phraseologismus weist dagegen nur ein synsemantisches Wort *(un)* auf, während der italienische über zwei synsemantische Wörter *(come, uno)* verfügt.

Bei der Kategorie *Fuerza (span.)* zeigen beide Phraseologismen dasselbe Wort *toro (span., it.)* mit einer semantischen Umdeutung. Das Wort bezeichnet ein sehr starkes Tier, das gleichsam Stärke symbolisiert. Durch eine teilweise semantische Umdeutung dieses Wortes kommt man bei den beiden Phraseologismen an die Bedeutung *Stärke* zu. Es ist jedoch zu beachten, dass *toro (span., it.) – Stier (dt.)*, obwohl er über eine gewisse Stärke verfügt, in seinem eigentlichen Sinn immer noch ein Tier ist,was die Bedeutung des Wortes nicht so negativ konnotieren lässt.

Bei der Kategorie *Debilidad (span.)*weisen sowohl der spanische Phraseologismus *Ser una calamidad (span.)*als auch der italienische*Essere di pastafrolla (it)* zweiautosemantische Wörter *(ser, calamidad) – span.* und (*essere, pastafrolla) – it.* und nur einziges autosemantische Wort *(una) – span. (di) – it.* auf.

Bei dem spanischen Phraseologismus hat das Wort *calamidad* (span.) – *Plage/ Katastrophe* (dt.) seine vollständige Bedeutung durch semantische Umdeutung erworben. Das Wort *calamidad* verfügt über eine negative Konnotation und seine eigentliche Bedeutung ist negativ. Bei der Kategorie *Debilidad (span.)* geht es aber nicht nur um die körperliche Schwäche, sondern auch um die geistige. *Ser una calamidad (span.)* bedeutet *keinen Charakter haben (dt.)*, schwach *von Charakter sein* (dt.) oder einfach *ängstlich sein (dt.)*, was natürlich nicht immer mit *calamidad (span.) – Plage/Katastrophe (dt.)* verknüpft ist.

Bei dem italienischen Phraseologismus hat das Wort *pastafrolla* (it.) – *Mürbeteig (dt.)* nur noch teilweise Bedeutung durch seine semantische Umdeutung erworben. Die tatsächliche Bedeutung des Wortes verweist auf *Weichheit*, die in der übertragenen Bedeutung als *Schwäche* verstanden wird.

### 4.1.4 Polylexikalität *Juventud/Vejez*

Bei dem Gegensatzpaar *Juventud/Vejez (span.)* – *Jugend/Alter (dt.)* weist die Kategorie *Vejez (spa.)* – *Alter/Greisenalter (dt.)* einen deutlichen quantitativen Vorsprung auf.

Der spanische Phraseologismus *Ser una criatura (span.)* der Kategorie *Juventud (span.)*hat zwei autosemantische Wörter (*ser, criatura*), während der italienische *Essere nel verde degli anni* über drei autosemantische Wörter (*essere, verde, anni*) verfügt. Der spanische Phraseologismus verfügt nur über einziges synsemantisches Wort *(una)*, während der italienische Phraseologismus zwei synsemantische Wörter *(nel, degli)* aufweist.

Bei dem spanischen Phraseologismus hat das Wort *criatura (span.)* – *Kreatur/Geschöpf* (dt.) seine vollständige Bedeutung durch die semantische Umdeutung erworben.Die Semantik des Wortes *criatura (span.)* – *Kreatur/Geschöpf (dt.)* im Phraseologismus ist nicht transparent und beinhaltet eine Bedeutung, die auf ein Wesen verweist, das noch unbestimmt und undefiniert ist und an dessen auch *Jugend* attribuiert werden kann. So kann auch bei diesem Phraseologismus davon ausgegangen werden, dass*criatura* eine Kreatur, ein Geschöpf oder ein Wesen ist, das sich noch nicht entwickelt hat und seine Charakterzüge ebenfalls noch nicht richtig ausgeprägt sind.

Beim italienischen Phraseologismus wird das Wort *verde (it.)* – *grün (dt.)* durch Wandel des Bestandes markiert. Die Semantik des Wortes *verde (it.)* hat mehr Transparenz als das Wort *creatura (span.)* im spanischen Phraseologismus. Die Bedeutung desWortes *verde*ist die Farbe, die manmit Unreife assoziiert und damit auch mit Jugend.

Bei der Kategorie *Vejez (span.)* – *Alter/Greisenalter (dt.)* weisen beide Phraseologismen, sowohl der spanische *Ser una momia (span.)* als auch der italienische – *Essere una mummia (it.)* zwei autosemantische Wörter *(ser, momia)* – *span.* und *(essere, mummia)* –*it.* und einziges autosemantisches Wort *(una)* - *span.* *(una)* - *it.* auf. Die beiden Phraseologismen sind durch Volläquivalent geprägt und die Bedeutung des Wortes *momia (span.)* – *mummia (it.)* – *Mumie (dt.)* ist durch teilweise semantische Umdeutung markiert. In beiden Phraseologismen hat das Wort *momia (span.) – mummia (it.) – Mumie (dt.)* schon eine integrierte Bedeutung und wird mit Antike in Verbindung gebracht und damit auch mit hohem Alter.

### 4.1.5 Polylexikalität *Salud/Enfermedad*

Das Gegensatzpaar*Salud/Enfermedad (span.) -Gesundheit/Krankheit (dt.)* hat einen quantitativen Unterschied, der deutlich zu Gunsten der Kategorie *Salud* ausschlägt. Beide Phraseologismen der Kategorie *Salud (span.) – Gesundheit (dt.)* haben jeweils drei autosemantische und zwei synsemantische Wörter. Bei dem spanischen Phraseologismus *Estar sano como una manzana (span.)* sind es die Wörter (*estar, sano, manzana*) autosemantisch und *(como, una)* synsemantisch, bei dem italienischen *Essere sano come un pesce (it.)*sind es (*essere, sano, pesce*) autosemantisch und *(come, un)* synsemantisch.

Im spanischen Phraseologismus hat das Wort *manzana (span.) – Apfel (dt.)* durch semantische Umdeutung eine vollständige Bedeutung erworben. Das Wort *manzana (span.) – Apfel (dt.)* hat eine positive Konnotation: eine Frucht, die Gesundheit fördert. Diese Frucht ist sehr weit verbreitet und ihr Äußeres ist sehr schön, elegant und gesundheitsfördernd. Der Apfel ist auch von einer gewissen Symbolik geprägt und hat im Alten Testament eine zentrale Bedeutung. Nicht nur im Spanischen, sondern auch in vielen anderen Sprachen verwendet man *Apfel* in Phraseologismen und Sprichwörtern in Bezug auf Gesundheit.

Im italienischen Phraseologismus ist das Wort *pesce (it.) – Fisch (dt.)* durch eine vollständige semantische Umdeutung markiert. Fische sind durch ihre flitzenden Bewegungen bekannt und diese Beweglichkeit wird mit Gesundheit assoziiert. Im italienischen Phraseologismus kommt *pesce (it.) – Fisch (dt.)* als Vergleich vermutlich deswegen vor, weil er für das Land, das zu einem großen Teil mit Meer und Meeresfauna verbunden wird, sehr typisch ist.

In der Kategorie *Enfermedad (span.) – Krankheit (dt.)* weist der spanische Phraseologismus *Estar hecho un emplasto (spa.)*drei autosemantische Wörter (*estar, hecho, emplasto*) auf. Der italienische Phraseologismus *Non avere una buona cera (it.)* verfügt ebenso über drei autosemantische Wörter (*avere, buona, cera*). Der spanische Phraseologismus verfügt nur über einziges synsemantisches Wort *(un)*, während der italienische Phraseologismus zwei synsemantische Wörter *(non, una)* aufzeigt.

Bei dem spanischen Phraseologismus hat das Wort *emplasto (span.) – Pflaster (dt.)* seine teilweise Bedeutung durcheine semantische Umdeutung erworben. Das Wort*emplasto (span.) – Pflaster (dt.)* bringt eine integrierte Bedeutung mit, die es mit *Enfermedad (span.) – Krankheit (dt.)* in Verbindung bringt.

Im italienischen Phraseologismus wird das Wort *cera (it.) – Wachs (dt.)* durcheine vollständige semantische Umdeutung markiert. Der Phraseologismus ist durch die Negation geprägt und *cera (it.) – Wachs (dt.)* bildet die Einheit der Bedeutung mit anderen synsemantischen und autosemantischen Komponenten des Phraseologismus wie *non* und *buona*.

### 4.2 Kategorien *geistige* Fähigkeiten *des Menschen*

Unter den Kategorien geistige Fähigkeiten des Menschen werden diejenigen Phraseologismen eingeordnet, die seelische, geistige oder moralische Aspekte des Menschen bezeichnen. Die Kategorien, die negative menschliche Aspekte offenbaren, trifft man im analysierten Korpus häufiger. Weniger häufiger werden die Kategorien, die positiven Seiten mithilfe von Phraseologismen angeben, dargestellt. Diese Kategorien bilden nicht immer die Gegensatzpaare wie bei den Kategorien *körperliche Eigenschaften des Menschen*. Sie werden in folgender Tabelle aufgelistet und anhand einzelner Beispiele analysiert. Die hier dargestellten Kategorien gehören zu den Hauptkategorien des Korpus.

Nr. 11:

| **Kategorie Zahl der Phraseologismen im Korpus** | **Spanisch** | **Italienisch** |
|---|---|---|
| | **Bewertung der geistigen Fähigkeiten des Menschen** | |
| ***Estupidez/Inteligencia* *63 - 14*** | *Ser cabeza de melón* (dt. wörtl.: dumm sein) | *Essere stupido come una capra/avere una testa di rapa* (dt. wörtl.: dumm sein) |
| | *Ser un lince* (dt. wörtl.: klug sein) | *Essere un'aquila* (dt. wörtl.: klug sein) |
| ***Locura* *32*** | *Estar tocado de la cabeza* (dt. wörtl.: verrückt sein) | *Essere fuori di testa* (dt. wörtl.: verrückt sein) |
| ***Aburrimiento* *29*** | *Ser la mar de aburrido* (dt. wörtl.: sehr langweilig sein) | *Essere una pizza* (dt. wörtl.: sehr langweilig sein) |
| ***Soberbia* *24*** | *Tener la cabeza llena de aire* (dt. wörtl.: eingebildet sein) | *Essere gonfio come un rospo* (dt. wörtl.: eingebildet sein) |
| ***Bondad* *19*** | *Ser oro de pura ley* (dt. wörtl.: gutmütig sein ) | *Essere d'oro* (dt. wörtl.: gutmütig sein ) |
| ***Avaricia* *14*** | *Ser un pesetero* (dt. wörtl.: sehr geizig sein ) | *Essere un pezzente* (dt. wörtl.: sehr geizig sein ) |
| ***Insensibilidad* *14*** | *Ser más frío que el hielo* (dt. wörtl.: Gefühl-los/unempfindlich sein ) | *Essere di ghiaccio* (dt. wörtl.: Gefühl-los/unempfindlich sein ) |
| ***Astucia* *13*** | *Ser más listo que el hambre* (dt. wörtl.: sehr schlau/listig sein ) | *Essere furbo come una volpe* (dt. wörtl.: sehr schlau/listig sein ) |

| | | |
|---|---|---|
| ***Generosidad*** ***13*** | *Tener la manga ancha* (dt. wörtl.: großzügig sein ) | *Essere di manica larga* (dt. wörtl.: großzügig sein ) |
| ***Falta de memoria*** ***13*** | *Ser flaco de memoria* (dt. wörtl.: kein Gedächtnis haben ) | *Avere la memoria corta* (dt. wörtl.: kein Gedächtnis haben) |
| ***Obstinación*** ***12*** | *Tener la cabeza dura* (dt. wörtl.: Dickköp-fig/eigenwillig sein ) | *Avere la testa dura* (dt. wörtl.: Dickköp-fig/eigenwillig sein ) |

### 4.2.1 Polylexikalität Estupidez/Inteligencia

Bei dem Gegensatzpaar *Estupidez/Inteligenicia (span.) -Dummheit/Klugheit (dt.)* weist die Kategorie *Estupidez (span.) – Dummheit (dt.)* einen wesentlichen quantitativen Vorsprung auf.Im ganzen Korpus stellt diese Kategorie die umfangreichste Kategorie dar.

Der spanische Phraseologismus *Ser cabeza de melón (span.)* hat drei autosemantische Wörter (*ser, cabeza, melon*) und ein synsemantisches (*de*). Bei dem italienischen *Essere stupido come una capra (it.)* sind es ebenso drei autosemantische (*essere, stupido, capra*) und zwei synsemantische Wörter (*come, una*).

Im spanischen Phraseologismus *Ser cabeza de melón* ist das Wort *melon (span.) -(Melone) (dt.)* vollständig semantisch umgedeutet. Das Wort *cabeza (span.) – Kopf (dt.)*wird mit einer Melone verglichen. Melone weist in ihrer äußeren Form eine Ähnlichkeit mitdem Kopf auf. *Kopf – Melone* assoziiert man in diesem Fall mit Dummheit.

Im italienischen Phraseologismus *Essere stupido come una capra (span.)*wird das Wort *capra (it.) – Ziege (dt.)* durcheine vollständige semantische Umdeutung markiert.Die Ziege ist durch ihr stures Verhalten bekannt und symbolisiert hier nicht nur Sturheit,sondern auch Dummheit, denn ein solches Verhalten ist nicht klug und überlegen, sondern ein Gegensatz. Im Italienischen gibt es auch den Phraseologismus *Avere una testa di rapa (it.)*, der mit dem spanischen eine syntaktisch–semantische Ähnlichkeit aufweist und nach dem Prinzip des spanischen Phraseologismus geklärt werden kann. Der einzige Unterschied liegt darin, dass der italienische Phraseologismus mehr synsemantische Wörter *(la, di)* aufweist.

Bei der Kategorie *Inteligenicia (span.) – Klugheit/Intelligenz (dt.)* weist der spanische Phraseologismus *Ser un lince (span.)*zwei autosemantische Wörter (*ser, lince*) und nur einziges synsemantisches (*un*) auf. Der italienische Phraseologismus *Essere un'aquila (it.)* hat ebenso zwei autosemantische Wörter (*essere, aquila*) und nur ein synsemantisches (*una*) auf.

Sowohl beim spanischen *Ser un lince (span.)* als auch beim italienischen Phraseologismus *Essere un'aquila (it.)* sind die Wörter *lince (span.) – Luchs (dt.)* und*aquila* (it.) – *Adler* (dt.) durch vollständige semantische Umdeutung geprägt. Die beiden Tiere, sowohl *lince (span.) – Luchs (dt.)* als auch *aquila (it.) – Adler (dt.)*, verbindet man mit Weisheit und damit mit Klugheit.

### 4.2.2 Polylexikalität *Locura*

Bei der Kategorie *Locura (span.) – Verrücktheit/Wahnsinn (dt.)* hat der spanische Phraseologismus *Estar tocado de la cabeza (span.)* drei autosemantische (*estar, tocado, cabeza*) und zwei synsemantische Wörter (*de, la*). Bei dem italienischen Phraseologismus *Essere Fuori di testa (it.)* sind es ebenso drei autosemantische Wörter (*essere, fuori, testa*) und nur ein synsemantisches Wort (*di*). Bei beiden Phraseologismen werden die semantische Paare *tocado de cabeza (span.)* und *fuori di testa (it.)* vollständig semantisch umgedeutet. Sie stellen *Kopf*auf solche Weise dar, dass er als nicht funktionsfähig erscheint. Diese semantischen Ketten symbolisieren in diesem Fall *Verrücktheit.*

### 4.2.3 Polylexikalität *Aburrimiento*

Der spanische Phraseologismus *Ser la mar de aburrido (span.)* der Kategorie *Abburimento (span.) – Langeweile (dt.)* weist drei autosemantische Wörter (*ser, mar, aburrido*) und zwei synsemantische *(la, de)* auf. Der italienische Phraseologismus *Essere una pizza (it.)* hat dagegen nur zwei autosemantische (*essere, pizza*) und ein einziges synsemantisches Wort (*una*).

Bei dem spanischen Phraseologismus *Ser la mar de aburrido (span.)* ist das Wort *mar (span.) – Meer (dt.)* durch eine vollständige semantische Umdeutung markiert. *Mar (span.) – Meer (dt.)* verweist auf eine große Menge, deswegen hat die semantische Einheit *la mar de aburrido (span.)* eine solche Bedeutung erworben, die durch die Quantität - *eine große Menge der Langeweile* - verstärkt ist.

Bei dem italienischen Phraseologismus *Essere una pizza (it.)* hat das Wort *pizza* eine vollständige Bedeutung durcheine semantische Umdeutung erworben. Die Bedeutung des Wortes *pizza* im Phraseologismus, die zu *Langeweile* führt, ist durch seine häufige Figurierung bestimmt. Möglicherweise substituiert das Wort *pizza* hier ein ursprüngliches Wort, das in seiner tatsächlichen Bedeutung vulgär markiert ist.

### 4.2.4 Polylexikalität *Soberbia*

Der spanische Phraseologismus *Tener la cabeza llena de aire (span.)* der Kategorie *Soberbia (span.) – Hochmut (dt.)* wird von vier autosemantischen Wörtern (*tener, cabeza, llena, aire*) und zwei synsemantischen (*la, de*) geprägt. Der italienische Phraseologismus *Essere gonfio come un rospo (it.)*wird dagegen durch drei autosemantische (*essere, gonfio, rospo*) und zwei synsemantische Wörter (*come, un*) geprägt.

Der spanische Phraseologismus *Tener la cabeza llena de aire (span.)* weist die semantische Einheit *cabeza llena de aire (span.)* auf, bei der das Wort *aire (span.) – Luft (dt.)* vollständig semantisch umgedeutet ist. *Aire (span.) – Luft (dt.)* symbolisiert hier etwas Ungreifbares, eine Leere. *Cabeza (span.) – Kopf (dt.)*, der mit der *Luft* beziehungsweise mit *Leere* gefüllt ist, führt hier zu der Bedeutung, etwas Unwichtiges zu sein. Eine Sache, die in Wirklichkeit nichts bedeutet, aber für wichtig gehalten wird, führt in diesem Phraseologismus zu jener Bedeutung, die als *Hochmut* bezeichnet wird.

Der italienische Phraseologismus *Essere gonfio come un rospo (it.)* wird von der semantischen Einheit *gonfio come un rospo* (it.) – *aufgeblasen wie eine Kröte* (dt.) – markiert. In diesem Fall macht eine Kröte, die nur mit der Luft gefüllt ist, nur durch ihre Erscheinung Eindruck und symbolisiert damit *Hochmut*.

### 4.2.5 Polylexikalität *Bondad*

Der spanische Phraseologismus *Ser oro de pura ley (span.)* der Kategorie *Bondad (span.) – Gutmütigkeit (dt.)* ist durch vier autosemantische Wörter (*ser, oro, pura, ley*) und einziges synsemantisches Wort (*de*) markiert, während der italienische*Essere di* *oro* durch zwei autosemantische (*essere, oro*) Wörter und ein synsemantisches Wort (*di*) geprägt ist.

Die beiden Phraseologismen dieser Kategorie weisen das gemeinsame Wort *oro (span.) – oro (it.) – Gold (dt.)* auf, das semantisch umgedeutet ist. *Gold* als wertvolles Metall hat in beiden Phraseologismen eine positive Konnotation und symbolisiert *Gutmütigkeit*. Bei dem spanischen Phraseologismus wird die Bedeutung durch die lexikalische Einheit *ley (span.)* noch verstärkt.

### 4.2.6 Polylexikalität *Avaricia*

Der spanische Phraseologismus *Ser un pesetero (span.)* der Kategorie *Avaricia (span.) – Geiz (dt.)* weist zwei autosemantische (*ser, pesetero*) und ein synsemantisches Wort (*un*) auf. Bei dem italienischen Phraseologismus *Essere un pezzente (it.)* sind zwei autosemantische (*essere, pezzente*) und ein synsemantisches Wort (*un*) festzustellen.

Bei den beiden Phraseologismen nehmen die Wörter *pesetero (span.) - Raffke (dt.)* und *pezzente (it.) – Bettler (dt.)* eine semantische Umdeutung an. Die Semantik der Wörter *pesetero* (span.) und *pezzente* (it.) ist mehr oder weniger transparent. *Pesetero (span.) – pezzente (it.) – Bettler (dt.)* präsentiert in beiden Phraseologismen eine Person, die sich als sehr arm ausgibt, aber in Wirklichkeit das Gegenteil darstellt und in ihrer wahren Natur sehr geizig sein kann.

### 4.2.7 Polylexikalität *Insensibilidad*

Der spanische Phraseologismus *Ser más frío que el hielo (span.)* der Kategorie *Insensibilidad (span.) – Gefühllosigkeit/Unempfindlichkeit – (dt.)* weist vier autosemantische Wörter (*ser, más, frío, hielo*) und zwei synsemantische (*que, el*) auf. Der italienische Phraseologismus *Essere di ghiaccio (it.)* dieser Kategorie weist dagegen nur zwei autosemantische Wörter (*essere, ghiaccio*) und einziges synsemantisches Wort (*di*) auf.

Die beiden Phraseologismen haben die gleichen Bildträger *hielo* (span.) – *ghiaccio (it.)* – *Eis* (dt.). Das Wort *hielo (span.)* – *ghiaccio (it.)* – *Eis (dt.)* ist vollständig semantisch umgedeutet und wird hier mit *Kälte* assoziiert, die ihrerseits auf die Bedeutung der *Gefühllosigkeit/Unempfindlichkeit* hinführt.Im spanischen Phraseologismus wird die Bedeutung durch die lexikalische Einheit *más* in verstärkter Form dargestellt.

### 4.2.8 Polylexikalität *Astucia*

Der spanische Phraseologismus *Ser más listo que el hambre (span.)* der Kategorie *Astucia (span.) - Schlauheit/List (dt.)* weist vier autosemantische Wörter (*ser, más, listo, hambre*) und zwei synsemantische *(que, el)* auf. Der italienische Phraseologismus *Essere furbo come una volpe (it.)* ist durch drei autosemantische (*essere, furbo, volpe*) und zwei synsemantische Wörter (*come, una*) geprägt.

Bei dem spanischen Phraseologismus *Ser más listo que el hambre (span.)* ist das Wort *hambre (span.) – Hunger/Hungernot (dt.)* vollständig semantisch umgedeutet. Dieser Phraseologismus ist auch durch die lexikalische Einheit *más* markiert, die die Bedeutung in verstärkter Form präsentieren lässt. *Hambre (span.) – Hunger/Hungernot (dt.)* ist negativ konnotiert. Derjenige, der unter Hungersnot zu leiden hat, muss sehr schlau sein, um aus der Situation herauszukommen.

Bei dem italienischen Phraseologismus *Essere furbo come una volpe (it.)* erwirbt das Wort *volpe (it.)- Fuchs (dt.)* eine teilweise Bedeutung durch die semantische Umdeutung. Der *Fuchs* ist ein Tier, das durch seine Schlauheit und List überall bekannt ist. Die lexikalische Komponente *volpe* bringt in diesem Fall die integrierte Bedeutung mit, die durch den Vergleich *furbo* <u>*come*</u> *una volpe* zum Ausdruck gebracht wird.

### 4.2.9 Polylexikalität *Generosidad*

Der spanische Phraseologismus *Tener la manga ancha (span.)* der Kategorie *Generosidad (span.) – Großzügigkeit (dt.)* verfügt über drei autosemantische Wörter (*tener, manga, ancha*) und ein synsemantisches Wort (*la*) auf. Der italienische Phraseologismus *Essere di manica larga (it.)*weist ebenso drei autosemantische Wörter (*essere, manica, larga*) und nur ein synsemantisches Wort (*di*) auf.

Sowohl der spanische Phraseologismus als auch der italienische sind durch die lexikalischen Einheiten markiert: *la manga ancha* (span.) – *manica larga* (it.) – *breite Ärmel* (dt.). Bei ihren semantischen Komponenten findet eine vollständige semantische Umdeutung statt. *La manga ancha* (span.) – *manica larga* (it.) – *breite Ärmel (dt.)* werden hier mit Offenheit assoziiert, die ihrerseits auf Großzügigkeit verweisen.

### 4.2.10 Polylexikalität *Falta de memoria*

Der spanische Phraseologismus *Ser flaco de memoria (span.)* der Kategorie *Falta de memoria (span.) – schlechtes Gedächtnis (dt.)* weist drei autosemantische Wörter (*ser, flaco, memoria*) und ein synsemantisches Wort (*de*) auf. Der italienischePhraseologismus *Avere la memoria corta (it.)* verfügt ebenfalls über drei autosemantische Wörter (*avere, memoria, corta*) und ein synsemantisches Wort (*la*) auf.

Die beiden Phraseologismen sind durch die lexikalischen Wortketten geprägt: *flaco de memoria (span.) – schwach vom Gedächtnis (dt.)* und *la memoria corta (it.) – kurzes Gedächtnis (dt.)*. Sowohl *Schwäche* als auch *Kürze* beschreiben ein Gedächtnis, das nicht so effizient ist. Die semantischen Komponenten *flaco (span.) – schwach (dt.)* und *corta (it.) – kurz (dt.)* nehmen eine vollständige semantische Umdeutung an.

### 4.2.11 Polylexikalität *Obstinación*

Der spanische Phraseologismus *Tener la cabeza dura (span.)* der Kategorie *Obstinación (span.) – Eigensinnigkeit/Eigenwilligkeit (dt.)*verfügt über drei autosemantische Wörter (*tener, cabeza, dura*) und ein synsemantisches Wort (*la*).Der italienische Phraseologismus *Avere la testa dura (it.)*weist die gleiche Zahl der autosemantischen (*avere, testa, dura*) und synsemantischen (*la*) Wörter auf.

Da die beiden Phraseologismen volläquivalent sind, weisen sie die gleiche Wortkette *la cabeza dura (span.) – la testa dura (it.) – Dickkopf (dt.)* auf. Bei den beiden Phraseologismen ist die semantische Komponente *duro* vollständig semantisch umgedeutet. *La cabeza dura (span.) – la testa dura (it.) – Dickkopf (dt.)* symbolisiert in diesem Fall die Unfähigkeit zu überlegen und wird dergestalt mit *Obstinación (span.) – Eigensinnigkeit/Eigenwilligkeit (dt.)*in Verbindung gebracht.

## 5 Festigkeit oder Stabilität

Es ist für das analysierte Korpus von Bedeutung, die verschiedene Formen der Festigkeit auf der paradigmatischen sowie syntagmatischen Ebene festzustellen und dann in einem Vergleich Spanisch-Italienisch zu untersuchen, wie diese Festigkeiten in beiden Sprachen variieren.

Anhand spanischer und italienischer Beispiele wird näher auf das Kriterium der Festigkeit der Phraseologismen eingegangen. Die Festigkeit zeigt sich auf der morphosyntaktischen sowie der lexikalischen Ebene. Es werden solche Arten von Festigkeiten gezeigt, wie Numerus, Genus, Person, Artikel und Präposition und es wird auch auf syntaktische und lexikalische Kommutierbarkeit eingegangen. Die spanischen und italienischen Phraseologismen werden auch auf der Ebene der generativen Grammatik mit einander verglichen.

### 5.1 Fester Numerus

***a) Singular - > *Plural***

Nr. 12:

➲ sp. Id.: *Tener la lengua larga* - > *Tener las lenguas largas

(dt. wörtl.: die breite Zunge haben)

(dt. Id.: ein loses Mundwerk haben)

➲ it. Id.: *Avere la lingua lunga* - > *Avere le lingue lunge

(dt. wörtl.: die lunge Zunge haben)

(dt. Id.: ein loses Mundwerk haben)

Sowohl bei dem spanischen, als auch bei dem italienischen Phraseologismus lässen sich Numerus, Singular durch Plural, nicht austauschen.

Nr. 13:

| Spanisch | Italienisch |
|---|---|
| 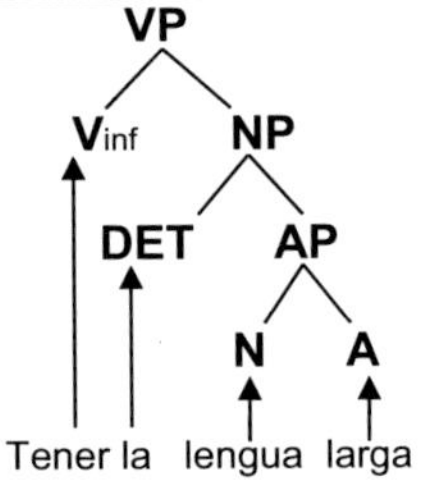 | 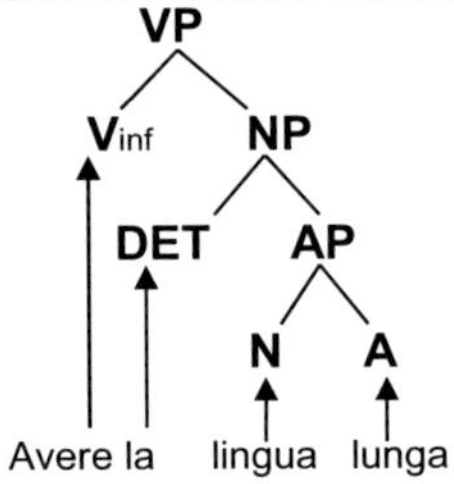 |

Die beiden Phraseologismen sind durch die gleiche Syntax (Verb + direktes Objekt) markiert. Auf der Ebene der generativen Syntax weisen die Phraseologismen auch die gleiche Struktur auf.

***b) Plural - > * Singular***

Nr. 14:

- sp. Id.: *Ponerse de todos los colores* - > *Ponerse de todo el colore
  (dt. wörtl.: von allen Farben werden)
  (dt. Id.: die Farbe wechseln)
- it. Id.: *Diventare di tutti i colori* - > *Diventare di tutto il colore
  (dt. wörtl.: von allen Farben werden)
  (dt. Id.: die Farbe wechseln)

Dasselbe lässt sich in umgekehrter Richtung nicht machen. Bei beiden Phraseologismen – sowohl bei dem spanischen als auch bei dem italienischen – kann manden Plural nicht durch den Singular ersetzen.

Nr. 15:

| Spanisch | Italienisch |
|---|---|
| 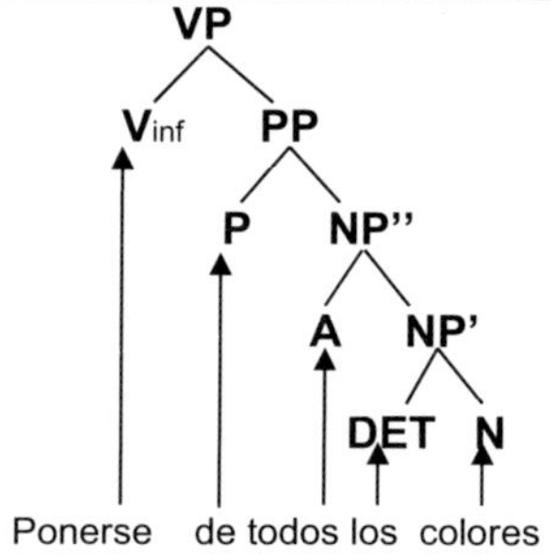 | 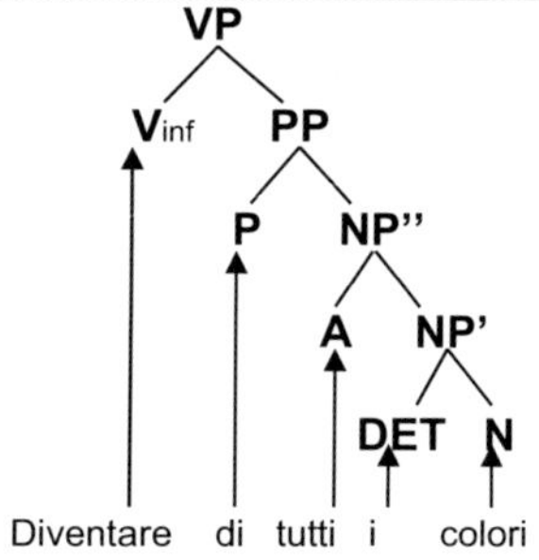 |





Die beiden Phraseologismen sind durch die gleiche Syntax (Verb + indirektes Objekt) markiert. Auf der Ebene der generativen Syntax weisen die Phraseologismen auch die gleiche Struktur auf.

### 5.2 Fester Artikel

***a) Bestimmter Artikel - > *Unbestimmter Artikel***

Nr. 16:

➲ sp. Id.: *Poner la guinda al pastel* - > *Poner una guinda al pastel
(dt. wörtl.: die Kirsche auf die Torte legen)
(dt. Id.: das Sahnehäubchen obenauf sein)

➲ it. Id.: *Essere la ciliegina sulla torta* - > *Essere una ciliegina sulla torta
(dt. wörtl.: die Kirsche auf der Torte sein)
(dt. Id.: das Sahnehäubchen obenauf sein)

***b) Unbestimmter Artikel - > * Bestimmter Artikel***

Nr. 17:

➲ sp. Id.: *Beber como una cuba* - > *Beber como la cuba
(dt. wörtl.: wie eine Butte trinken)
(dt. Id.: wie ein Loch saufen)

➲ it. Id.: *Bere come una spugna* - > *Bere come la spugna
(dt. wörtl.: wie ein Schwamm trinken)
(dt. Id.: wie ein Loch saufen)

Bei den beiden Phraseologismen lässt sich der bestimmte Artikel durch den unbestimmten nicht ersetzen und umgekehrt.

Nr. 18:

| Spanisch | Italienisch |
|---|---|
| 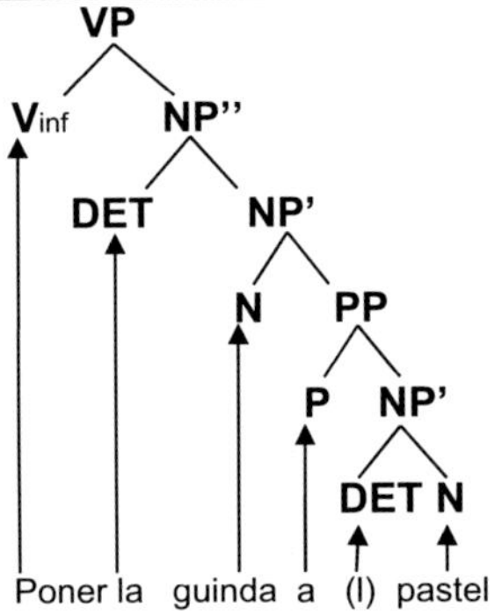  | 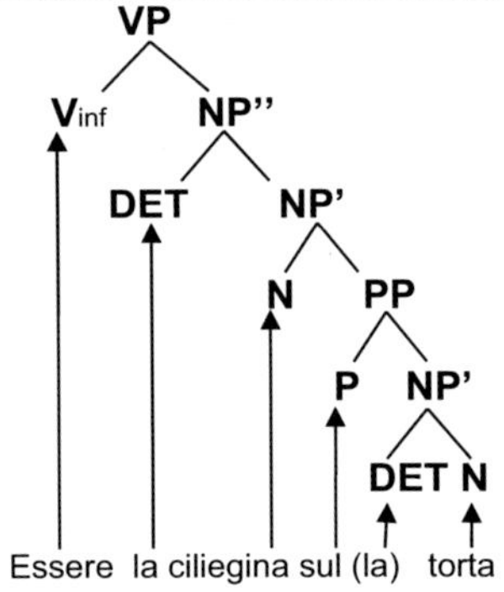  |

Die beiden Phraseologismen zeigen sich durch die gleiche Syntax (Verb + direktes Objekt + indirektes Objekt). Auf der Ebene der generativen Syntax sind die Phraseologismen durch die gleiche Struktur markiert. Sowohl der spanische, als auch der italienische Phraseologismus ist durch die Verschmelzung von Präposition mit Artikel charakterisiert.

Nr. 19:

| Spanisch | Italienisch |
|---|---|
| 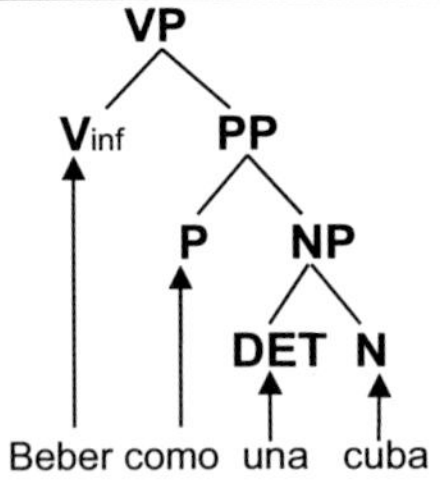  | 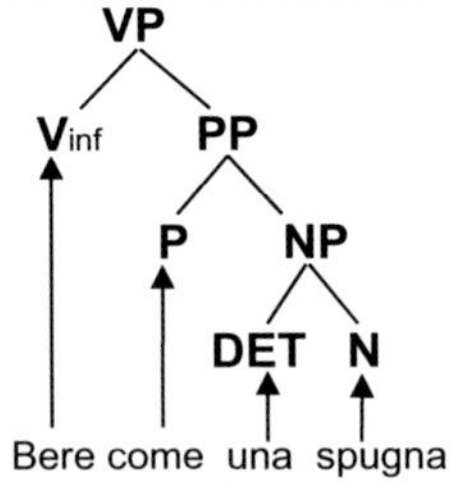  |

Die beiden Phraseologismen sind durch die gleiche Syntax (Verb + indirektes Objekt) geprägt. Auf der Ebene der generativen Syntax sind die Phraseologismen durch die gleiche Struktur markiert.

***c) Ø-Artikel - > * Artikel***

Nr. 20:

➲ sp. Id.: *Causar furor* - > *Causar un/el furor

(dt. wörtl.: Furore verursachen)

(dt. Id.: Furore machen)

➲ it. Id.: *Fare furore* - > *Fare un/il furore

(dt. Id.: Furore machen)

Nach der Analyse von Numerus und Artikel ist zu bemerken, dass auch keine Hinzufügung von Artikeln erlaubt ist.

Nr. 21:

| **Spanisch** | **Italienisch** |
|---|---|
| 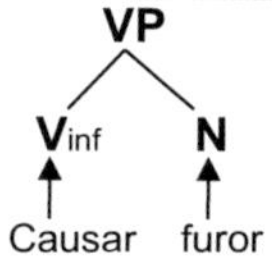 | 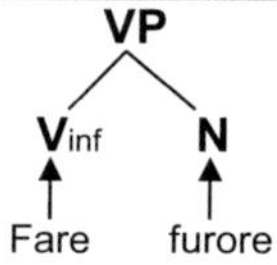 |

Die beiden Phraseologismen sind durch die gleiche Syntax (Verb + direktes Objekt) geprägt. Auf der Ebene der generativen Syntax sind die Phraseologismen durch die gleiche Struktur markiert.

### 5.3 Festes Genus

***a) Männlich - > Weiblich (und umgekehrt)***

Nr. 22:

➲ sp. Id.: *Ser como el perro y el gato* - > *Ser como la perra y la gata

(dt. Id.: wie Hund und Katze sein)

➲ it. Id.: *Essere come cane e gatto* - > *Essere come cagna e gatta

(dt. Id.: wie Hund und Katze sein)

Das Genus bleibt auch fest. Das Maskulinum lässt sich durch das Femininum nicht austauschen und umgekehrt.

Nr. 23:

**Spanisch**

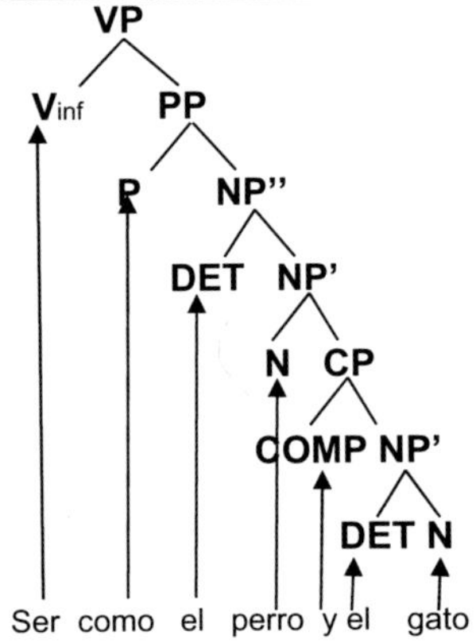


**Italienisch**

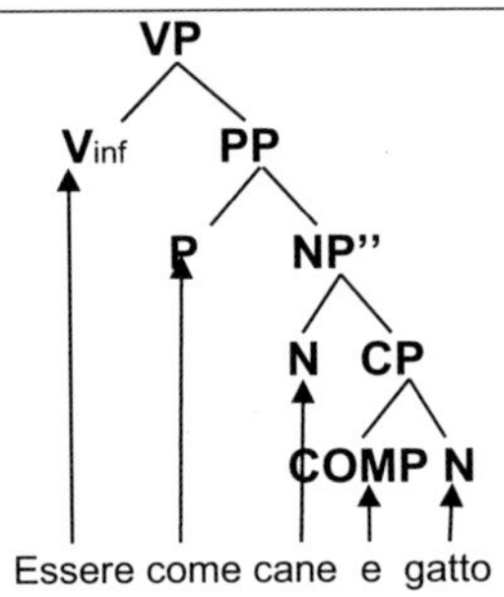


Die beiden Phraseologismen sind durch die gleiche Syntax (Verb + indirektes Objekt) markiert. Auf der Ebene der generativen Syntax weisen die Phraseologismen einen Unterschied auf. Bei dem spanischen Phraseologismus kommen die beiden Substantive der Nominalphrase und Complementizer Phrase mit bestimmten Artikeln vor, bei dem italienischen ohne.

### 5.4 Variierende Person

In den folgenden Phraseologismen ist auch die Person 'mehr oder weniger fest'. Solche Phraseologismen lassen sich mit der 1. Personweder im Singular noch im Plural benutzen.

***a) Wechsel der Person***

Nr. 24:

➲ sp. Id.: *Carece de fundamento* - > *Carezco de fundamento/ Carecemos de fundamento

(dt. Id.: in der Luft hängen)

➲ (1) it. Id.: *È campato per aria* - > *Sono campato per aria/ Siamo campati per aria

(dt. Id.: in der Luft hängen)

➲ (2) it. Id.: *Fa venire la barba* - > *Faccio venire la barba/ Facciamo venire la barba
(dt. Id.: langweilig sein)

Nr. 25:

| Spanisch | Italienisch (1) | Italienisch (2) |
|---|---|---|

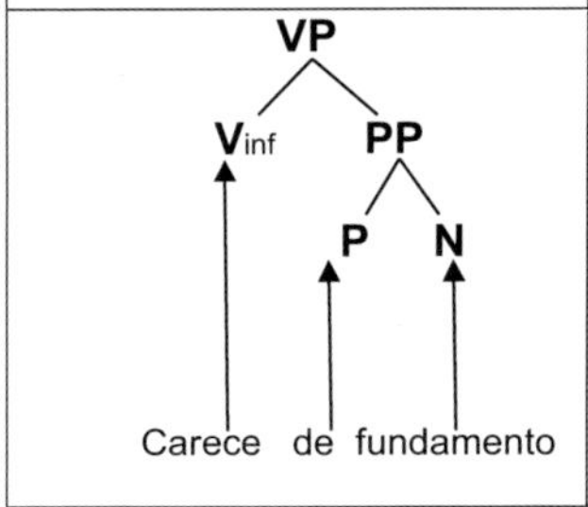


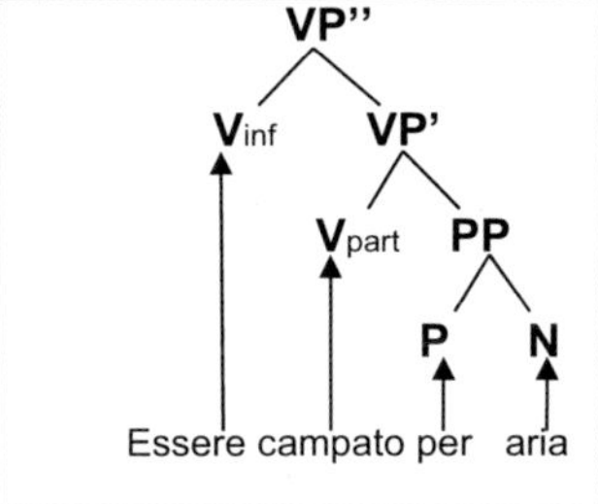


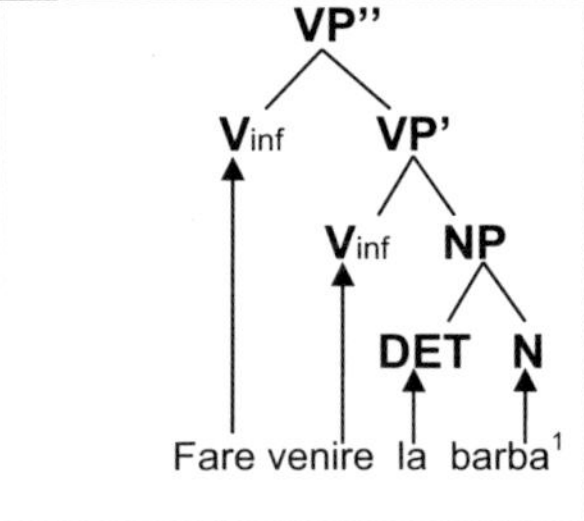


Der spanische Phraseologismus gleicht der Syntax vom ersten italienischen Phraseologismus (Verb + indirektes Objekt) und unterscheidet sich vom zweiten italienischen (Verb + direktes Objekt). Auf der Ebene der generativen Syntax unterscheidet sich der spanische Phraseologismus *Carece de fundamento (span.)* von den beiden italienischen *Essere campato per aria (it.)* und *Fare venire la barba (it.)* in seiner Struktur. Die Struktur des spanischen Phraseologismus isteinfacher und ihm liegt nur eine Präpositionalphrase zu Grunde, während der erste italienische Phraseologismus eine Verbal- und Präpositionalphrase und der zweite eine Verbal- und Nominalphrase aufweisen.

### 5.5 Feste Rektion

Nr. 26:

➲ sp. Id.: *Venir a las manos*- >*Venir de las manos
(dt. Id.: wie gerufen kommen) (dt. wörtl.: aus den Händen kommen)

➲ it. Id.: *Arrivare a proposito*- >*Arrivare di proposito
(dt. Id.: wie gerufen kommen) (dt. wörtl.: absichtlich kommen)

In diesem Fall stellt man sowohl bei dem Italienischen, als auch bei dem spanischen Phraseologismus fest, dass, wenn man die Präposition wechselt, verliert der

[1] *La barba* kann als Subjekt (Agens) nicht auftreten.

Phraseologismus seine idiomatische Bedeutung und nimmt ganz andere nicht idiomatische Bedeutung an.

Nr. 27:

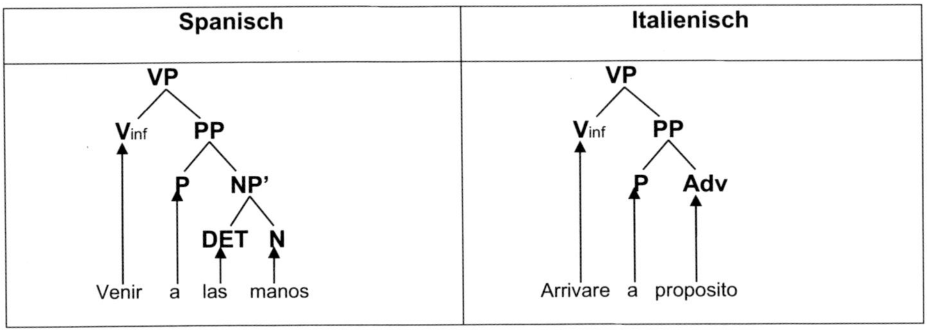


Die beiden Phraseologismen zeigen sich durch die gleiche Syntax (Verb + indirektes Objekt). Auf der Ebene der generativen Syntax unterscheidet sich der spanische Phraseologismus vom italienischen. Während der spanische Phraseologismus die Nominalphrase beinhaltet, weist der italienische auf dieser Stelle Adverb auf.

### 5.6 Kein festes Tempus

Die Idiomatizität von Phraseologismen kann verloren gehen, wenn das Tempus des Phraseologismus geändert wird. Im analysierten Korpus kann dieser Fall nicht festgestellt werden, denn es ist fast immer möglich, Phraseologismen nicht nur auf das Präsens, sondern auch auf Perfekt und Futur zu beziehen, ohne die Idiomatizität zu verlieren, besonders dann, wenn man einen Konditionalsatz einführt.

Nr. 28:

- sp. Id.: *Tener un corazón de oro* - >Esperamos que este niño tendrá un corazón de oro
  (dt. Id.: ein Herz aus Gold haben)
- it. Id.: *Avere un cuore d'oro* - > Speriamo che quel bambino *avrà un cuore d'oro*
  (dt. Id.: ein Herz aus Gold haben)

Nr. 29:

| Spanisch | Italienisch |
| --- | --- |
| 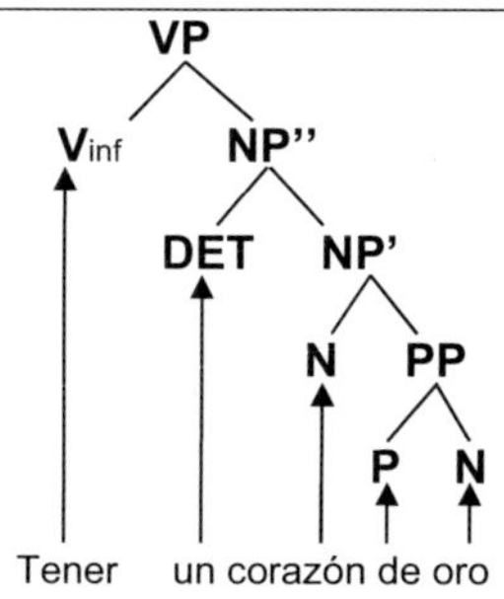  | 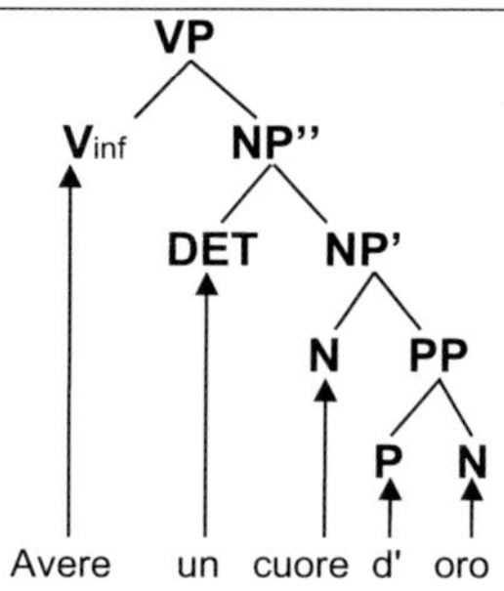  |

Die beiden Phraseologismen sind durch die gleiche Syntax (Verb + direktes Objekt + indirektes Objekt) markiert. Auf der Ebene der generativen Syntax weisen die Phraseologismen auch die gleiche syntaktische Struktur auf.

### 5.7 Lexikalische Kommutierbarkeit

Sowohl die spanischen als auch die italienischen Phraseologismen desanalysierten Korpus weisen eine beschränkte lexikalische Kommutierbarkeit der Komponenten auf. Die beschränkte Kommutierbarkeit der Komponenten auf der lexikalischen Ebene lässt sich an folgenden Beispielen belegen.

Nr. 30:

| **Spanische und italienische Idiome** | **Kommutationsprobe** |
| --- | --- |
| Ser de la misma madera<br>(dt.: vom selben Holz sein) | *Ser del mismo leño<br>(dt.: vom selben Holz sein) |
| Essere della stessa pasta<br>(dt.: vom selben Teig sein) | *Essere della stessa pizza<br>(dt.: vom selben Pizza sein) |

Die Komponenten des obigen Beispiels lassen sich nicht durch Komponenten der paradigmatischen Klasse austauschen, d.h. die Kommutierbarkeit ist nicht gegeben. Wie im spanischen Beispiel **Ser del mismo leño* ergibt die Kommutationsprobe auch im Italienischen ein freies Syntagma, nämlich **Essere della stessa pizza*. In diesen Fällen verlieren beide Strukturen ihren phraseologischen Charakter. Die beiden Phraseologismen sind durch die gleiche Syntax (Verb + indirektes Objekt) markiert. Auf der Ebene der generativen Grammatik weisen die Phraseologismen die gleiche

Struktur auf, obwohl der italienische Phraseologismus durch die Verschmelzung von Präposition mit Artikel charakterisiert werden kann.

Nr. 31:

| Spanisch | Italienisch |
|---|---|
| 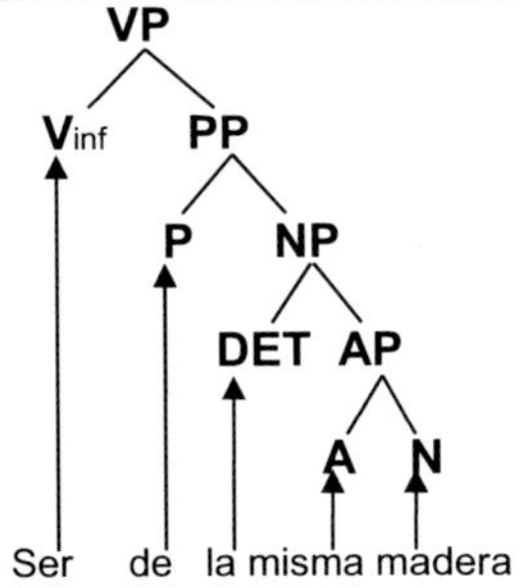  | 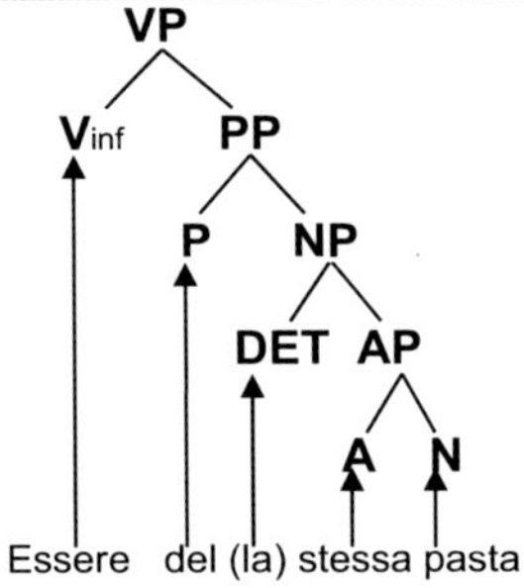  |

### 5.8 Syntaktische Kommutierbarkeit

Auf der syntaktischen Ebene sind die Komponenten von spanischen und italienischen Phraseologismen nicht kommutierbar.

Nr. 32:

| Spanische und italienische Idiome | Kommutationsprobe |
|---|---|
| No tener pies ni cabeza<br>(dt.: etwas hat weder Fuß noch Kopf) | *No tener cabeza ni pies<br>(dt.: etwas hat weder noch Kopf Fuß) |
| Non avere né capo né coda<br>(dt.: weder Anfang noch Ende haben) | * Non avere né coda né capo<br>(dt.: weder Ende noch Anfang haben) |

Sowohl die spanischen als auch die italienischen Phraseologismen lassen sich nicht in ihrer Syntax ändern, da sie sonst zu freien Syntagmen werden. Die beiden Phraseologismen zeigen sich durch die syntaktische Fixiertheit (Verb + direktes Objekt). Die Wortstellung ist so konstituiert, dass weder die Voranstellung noch die Nachstellung eines ihrer Glieder möglich ist, ohne den phraseologischen Charakter von Strukturen zu verlieren. Besonders deutlich wird dies bei den Phraseologismen, die als konstitutives Element eine Konjunktion haben. Auf der Ebene der generativen

Grammatik weisen die Phraseologismen die unterschiedliche Struktur auf. Der italienische Phraseologismus verfügt über eine Complementizer Phrase mehr.

Nr. 33:

<table>
<tr><th>Spanisch</th><th>Italienisch</th></tr>
<tr><td>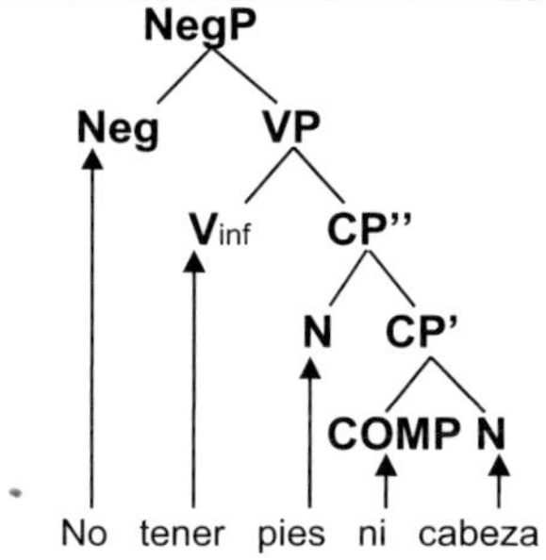
</td><td>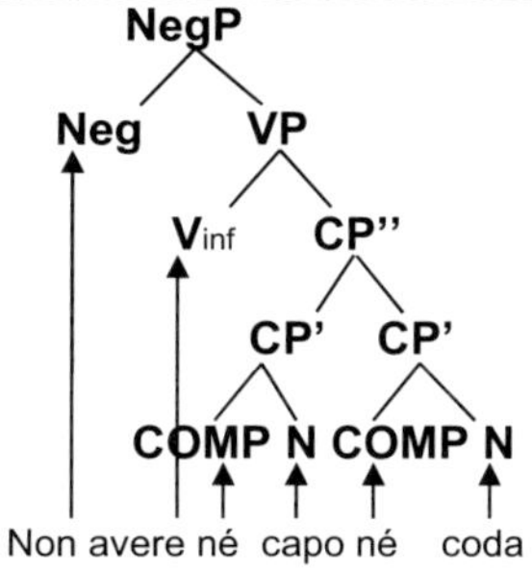
</td></tr>
</table>

## 5.9 Kategorie *Eigennamen*

Im analysierten Korpus sind unter gewählten Kategorien auch die Eigennamen vorhanden, die spezifische Eigenschaften und Merkmale besonders von Personen gut hervorheben können. Es lohnt sich deswegen, näher auf sie einzugehen. Ihren festen Platz unter den Phraseologismen verdanken sie in den meisten Fällen einer nicht gegenwärtigen bzw. nicht mehr nachvollziehbaren Erzählung oder einem geschichtlichen Ereignis. Die Eigennamen werden sowohl wegen ihres Klanges als auch wegen ihrer Häufigkeit in bestimmten Regionen benutzt. Im folgenden Beispel haben die Eigennamen einen geschichtlichen oder regionalen Bezug.

Nr. 34:

| Eigennamen | |
|---|---|
| **geschichtlicher Bezug** | **regionaler Bezug** |
| Essere tutto Santi e Madonna (it.) | Ser más listo que Cardona (span.) |
| Ser un Judas(span.)<br>Essere un Giuda (it.) | Ser Jauja (span.)<br>Essere il paese della Cuccagna/di Bengodi (it.) |
| Ser más viejo que Matusalén (span.)<br>Essere più vecchio di Matusalemme (it.) | Saber más que Lepe (span.) |

| | |
|---|---|
| Tener la paciencia del santo Job (span.)<br>Avere una pazienza di Giobbe (it.) | Ser el secreto de Anchuelo (span.)<br>Essere il segreto di Pulcinella (it.) |
| | Ser más feo que Picio (span.) |
| | Ser más tonto que Picio (span.) |
| | Suceder de Pascuas a Ramos (span.) |
| | Ser más viejo que Carracuca (span.)<br>Ser más feo que Carracuca (span.) |

Die Phraseologismen verfügen über feste syntaktische Strukturen und ihre lexikalischen Komponenten lassen sich durch die anderen nicht ersetzen. Sie weisen auch die Festigkeit bei Numerus, Rektion, Artikel, Genus und Person auf. Es ist auch bemerkenswert, dass sowohl die spanischen als auch italienischen Phraseologismen durch ein Adverb geprägt sind,das zur Verstärkung der Bedeutung beiträgt. Im Spanischen ist es das Adverb *más* und im Italienischen ist es das Adverb *più*. Auf der syntaktischen Ebene gleichen sich die spanischen und italienischen Phraseologismen. Nach dem Verb, das eine feste Valenz aufweist, folgen am meisten Adverb + Adjektiv und dann Adverb + Name einer historischen oder regionalen Figur (indirektes Objekt). Es kann auch unmittelbar nach dem Verb der Name einer historischen oder regionalen Figur (direktes Objekt) mit unbestimmtem Artikel folgen. Aus Sicht der generativen Syntax weist das phraseologische Paar wie *Ser más viejo que Matusalén (span.) - Essere più vecchio di Matusalemme (it.)* die unterschiedliche Struktur auf. Während der spanische Phraseologismus die Complementizer Phrase beinhaltet, weist der italienische auf dieser Stelle die Präpositionalphrase auf.

Nr. 35:

| **Spanisch** | **Italienisch** |
|---|---|
| 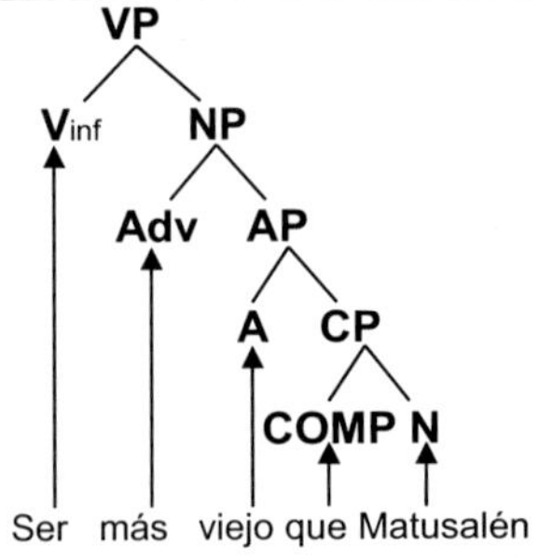 | 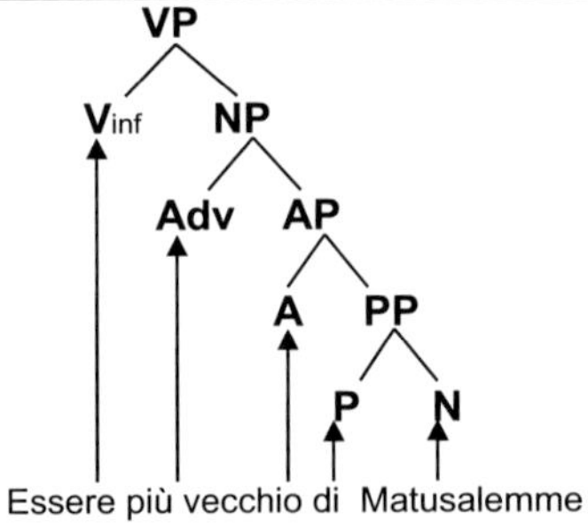 |

### 5.10 Verben - feste Valenz

Das analysierte Korpus, das aus insgesamt zweitausend spanischen und italienischen Phraseologismen besteht, unter denen sich ein tausend spanische und ein tausend italienische Verbidiome nachweisen lassen, wurden mithilfe des dtSearch-Programms untersucht, um festzustellen, welche Verben am meisten an der Bildung von Phraseologismen beteiligt sind, die anhand solcher Kriterien wie körperliche und geistige Eigenschaften von Personen ausgesucht wurden. Im Spanischen sind dies vor allem die Verben *ser, tener, estar, hacer* und im Italienischen *essere, avere, fare*. Im folgenden Diagramm werden die Relationspaare der genannten Verben mit ihren Frequenzen dargestellt.

Nr. 36:

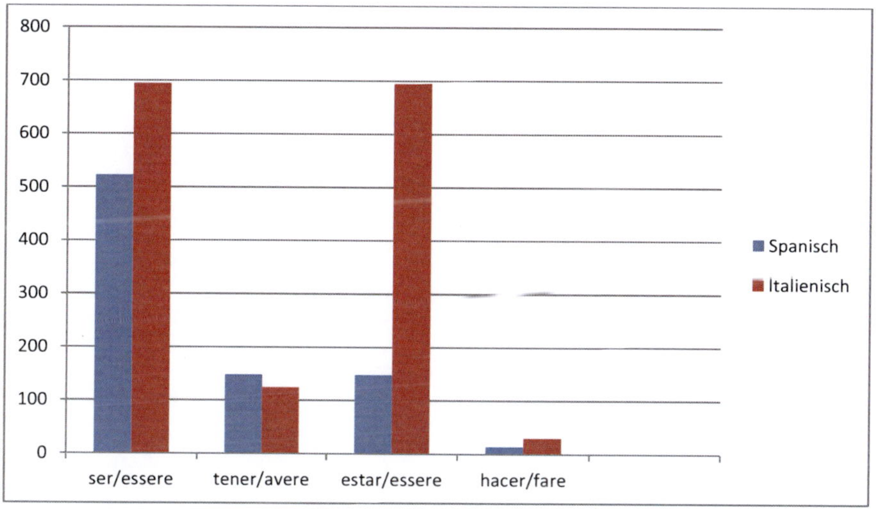


Bei der Korpusanalyse stellt man fest, dass sowohl die spanischen als auch die italienischen Phraseologismen immer ein Verb als Kernstruktur nachweisen sollen. Diese Phraseologismen gehören zu den festen phraseologischen Ausdrücken. Im Vergleich zu den nicht festen phraseologischen Ausdrücken, die nicht an eine Phrase gebunden sind, neigen die festen Idiomen zu einer festen Struktur, in der das Verb im Zentrum steht und die anderen Komponenten wie Substantive, Adjektive und etc. an der Peripherie. Die Phraseologismen mit Verben *ser, tener, estar, hacer(span.)* und *essere, avere, fare (it.)* werden auch durch die feste Valenz charakterisiert. Sie weisen nicht nur eine feste syntaktische Struktur auf, sondern auch eine feste Struktur ihrer lexikalischen Komponenten, die sich durch die anderen lexikalischen Komponenten nicht austauschen lassen. Sie weisen die Festigkeit im Numerus, in der Rektion, im Artikel, im Genus und in der Person auf.

Alle diese Verben bilden Relationspaare, d.h., den spanischen Phraseologismen mit den Verben *ser* und *estar* entsprechen die italienischen mit dem Verb *essere*. Den spanischen Phraseologismen mit dem Verb *tener* entsprechen die italienischen mit dem Verb *avere* und den spanischen Phraseologismen mit dem Verb *hacer* entsprechen die italienischen mit dem Verb *fare*. Bei der Korpusanalyse stellte man fest, dass der spanische Phraseologismus mit dem Verb *ser* mit dem italienischen Verb *avere* übersetzt werden kann. Das kann nur bei den teiläquivalenten Phraseologismen geschehen. Die beiden Phraseologismen sind durch die gleiche Syntax (Verb + direktes Objekt) geprägt. Auf der Ebene der generativen Syntax weisen die Phraseologismen *Tener la lengua larga (span.)* und *Avere la lingua lunga (it.)* die gleiche syntaktische Struktur auf.

Nr. 37:

| **Spanisch** | **Italienisch** |
|---|---|
| 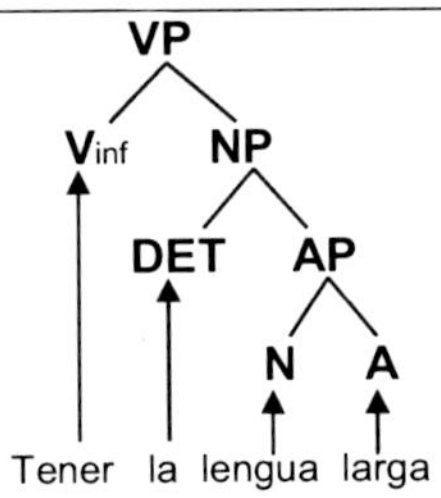 | 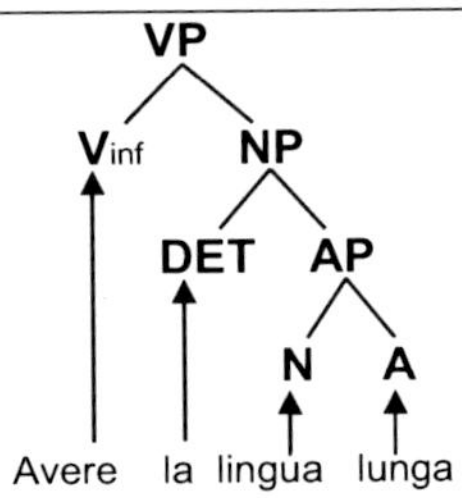 |

## 5.11 Negation und Affirmation

Der Wechsel von einer Negation zu einer Affirmation ist bei manchen Phraseologismen im analysierten Korpus möglich. Bei der Korpusanalyse mit dem dtSearch-Programm kommt man zu dem Ergebnis, dass spanische Phraseologismen mehr Negationen aufweisen als italienische. Im ganzen Korpus kommen 63 spanische und 50 italienische Phraseologismen vor.

Nr. 38:

| Von Negation zu Affirmation | |
|---|---|
| **Italienisch (Negation)** | **Italienisch (Affirmation)** |
| Non essere nato ieri | Essere nato ieri |
| Non avere sale in zucca | Avere sale in zucca |
| Non essere da poco/da ridere | Essere da poco/da ridere |
| Non torcere un capello a qualcuno | Torcere un capello a qualcuno |
| Non vedere più in là del proprio naso | Vedere più in là del proprio naso |
| Non avere la testa a posto | Avere la testa a posto |
| Non essere di legno | Essere di legno |
| Non essere pane per i denti di uno | Essere pane per i denti di qualcuno |
| Non esseretutte rose e fiori | Esseretutte rose e fiori |
| Non essere una cima | Essere una cima |
| Non avere spina dorsale | Avere spina dorsale |
| Essere un biglietto non vincente | Essere un biglietto vincente |

Nr. 39:

| Von Negation zu Affirmation | |
|---|---|
| **Spanisch (Negation)** | **Spanisch (Affirmation)** |
| No tener un pelo de tonto | Tener un pelo de tonto |
| No haber nacido ayer | Haber nacido ayer |
| No tener muchas luces | Tener muchas luces |
| No quedarse corto/No ir a la zaga | Quedarse corto/Ir a la zaga |
| No ser moco de pavo | Ser moco de pavo |
| No estar por la labor | Estar por la labor |
| No ver más allá de sus narices | Ver más allá de sus narices |
| No estar bien de la cabeza | Estar bien de la cabeza |
| No tener precio | Tener precio |
| No ser de piedra | Ser de piedra |
| No ser todo el monte orégano | Ser todo el monte orégano |
| No tener un pelo de tonto | Tener un pelo de tonto |

| | |
|---|---|
| No tener más que pájaros en la cabeza | Tener más que pájaros en la cabeza |
| No ser capaz | Ser capaz |
| No dar chispas/No dar chispa | Dar chispas/Dar chispa |
| No dar golpe | Dar golpe |
| No pararse en dibujos | Pararse en dibujos |
| No estar en sus cabales | Estar en sus cabales |
| No valer un céntimo | Valer un céntimo |
| No valer un cuerno | Valer un cuerno |
| No ser rana | Ser rana |
| No ser zurdo | Ser zurdo |
| No dar su brazo a torcer | Dar su brazo a torcer |

Diese Phraseologismen verlieren ihren phraseologischen Charakter nicht, wenn ein Wechsel von der Negation zu Affirmation stattfindet. Sie verfügen über feste syntaktische Strukturen und weisen keine lexikalische Kommutierbarkeit auf, weil sich ihre lexikalischen Komponenten durch die anderen lexikalischen Komponenten nicht austauschen lassen. Der spanische Phraseologismus unterscheidet sich in ihrer Syntax (Verb + indirektes Objekt) vom italienischen (Verb + direktes Objekt + indirektes Objekt). Auf der Ebene der generativen Syntax weisen die Phraseologismen *No estar por la labor (span.)* und *Non avere sale en zucca (it.)* eine unterschiedliche Struktur auf. Während in spanischen Phraseologismus nach der Verbalphrase eine Präpositionalphrase folgt, weist der italienische eine Nominalphrase an dieser Stelle auf.

Nr. 40:

| Spanisch | Italienisch[2] |
|---|---|
| 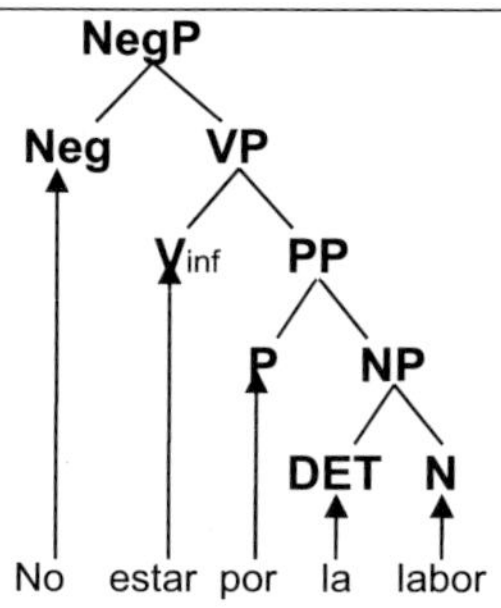  | 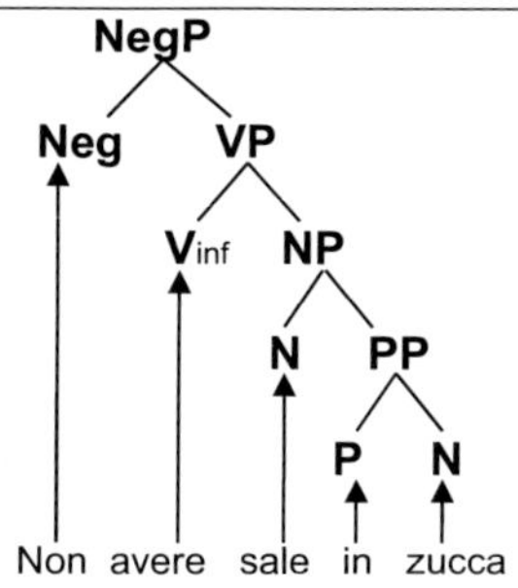  |

[2] Es gibt verschiedene Analyseverfahren. In diesem Fall wird es auf das binäre zugegriffen. Es ist auch möglich die folgende Struktur für dieses Beispiel einzusetzen:

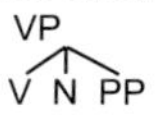

## 6. Idiomatische Äquivalenz

Bei der idiomatischen Äquivalenz werden die spanischen und italienischen Phraseologismen im kontrastiven Vergleich auf Volläquivalenz, Teiläquivalenz, Scheinäquivalenz/Falsche Freunde und Nulläquivalenz untersucht. Innerhalb der Teiläquivalenzen werden Untertypen unterschieden. Die Unterscheidung richtet sich auch nach Struktur-, Bedeutungs- und Bildebene. Bei den Teiläquivalenten kann es sich um morphosyntaktische, lexikosemantische oder bildliche Unterschiede handeln. Weiterhin werden die phraseologischen Ausdrücke den nicht phraseologischen nach dem Prinzip Idiomatizität – Nicht-Idiomatizität gegenübergestellt.

### 6.1 Volläquivalenz

Das analysierte Korpus verfügt über zahlreiche Phraseologismen, die Volläquivalenz aufweisen, weil Spanisch und Italienisch verwandte Sprachen mit nicht so großer kultureller Distanz sind. Das Spanische und Italienische besitzen viele Gemeinsamkeiten hinsichtlich der Bildlichkeit, der syntaktischen Struktur und der Semantik. Nach Burger (Burger, 1973, 100) wird diese Art von Phraseologismen durch Entlehnungsvorgänge verbreitet und kommt häufig in Sprachen vor, die dem gleichen Kulturkreis angehören.

Nr. 41:

| **Idiomatisch-äquivalente Phraseologismen** | | |
|---|---|---|
| **Spanisch** | **Bedeutung** | **Italienisch** |
| *Ver todo negro (span.)* (dt. Id.: alles schwarz sehen) | pessimistisch sein (dt.) | *Vedere tutto nero (it.)* (dt. Id.: alles schwarz sehen) |
| *Hacer algo a diestro y siniestro (span.)* (dt. Id.: etw. aufs Geratewohl/kreuz und quer/um sich herum machen) | mehrere Sachen überall gleichzeitig machen (durcheinander/in aller Richtungen) (dt.) | *Fare qualcosa a destra e a manca (it.)* (dt. Id.: etw. aufs Geratewohl/kreuz und quer/um sich herum machen) |
| *Hacer perder la paciencia a un santo (span.)* (dt. Id.: jemandes Geduld überstrapazieren) | eine unerträgliche Person sein (dt.) | *Fare perdere la pazienza ad un santo (it.)* (dt. Id.: jemandes Geduld überstrapazieren) |

| | | |
|---|---|---|
| *Ser pájaro de mal agüero (span.)* (dt. Id.: kein Glücksbringer sein) | Katastrophen vorhersagen (dt.) | *Essere un uccello di malaugurio (it.)* (dt. Id.: kein Glücksbringer sein) |
| *Ser tiburón (span.)* (dt. Id.: Ein Hai sein) | sehr aggressiv sein, besonders auf Arbeit oder in Politik (dt.) | *Essere uno squalo (it.)* (dt. Id.: ein Hai sein) |
| *Ser la sombra de alguien (span.)* (dt. Id.: jemandes Schatten sein) | Nur die Erscheinung von jemandem haben, aber keine Substanz (dt.) | *Essere l'ombra di qcn (it.)* (dt. Id.: jemandes Schatten sein) |
| *Ser una sanguijuela (span.)* (dt. Id.: jemanden abschöpfen) | ausnutzen/opportunistisch sein (dt.) | *Essere una sanguisuga (it.)* (dt. Id.: jemanden abschöpfen) |
| *Ser un viejo zorro (span.)* (dt. Id.: ein alter Fuchs sein) | sehr schlau/erfahren sein (dt.) | *Essere una vecchia volpe (it.)* (dt. Id.: ein alter Fuchs sein) |
| *Ser de mármol (span.)* (dt. Id.: ein Herz aus Stein haben) | kalt und gefühllos/nicht nachgiebig sein (dt.) | *Essere di marmo (it.)* (dt. Id.: ein Herz aus Stein haben) |
| *Estar alegre como unas pascuas (span.)* (dt. Id.: sich freuen wie ein Schneekönig) | sehr lustig sein (dt.) | *Essere allegro come una pasqua (it.)* (dt. Id.: vor Vergnügen strahlen) |
| *No haber nacido ayer (span.)* (dt. Id.: nicht von gestern sein) | nicht dumm sein, nicht betrügen lassen (dt.) | *Non essere nato ieri (it.)* (dt. Id.: nicht von gestern sein) |

Aus dem Beispiel kann man entnehmen, dass die spanischen und italienischen Phraseologismen Volläquivalenz aufweisen. Sie haben auch keinen Unterschied in der Zahl und Anordnung der lexikalischen Komponenten und können zu keinen Interferenzen bei der Übersetzung führen.

### 6.2 Partielle Äquivalenz / Teiläquivalenz

Die spanischen und italienischen Phraseologismen des Korpus werden auf Teiläquivalenz analysiert, dabei bleibt die Übereinstimmung der Bedeutung konstant, während sich Struktur- und Bildebene unterschiedlich darstellen. Es kann festgestellt werden, wie viel spanischen und italienischen teiläquivalenten Phraseologismen es im Korpus gibt, die semantische Kongruenz[3], aber syntaktische und metaphorische Inkongruenz[4] aufweisen.

#### 6.2.1 Gleiche Bedeutung, gleiches Bild und annähernd gleiche Struktur

In dieser Untergruppe kann nicht nur die Anordnung der Komponenten variieren, sondern auch die einzelnen Komponenten können aus verschiedenen Bereichen stammen.

Nr. 42:

| **Partiell-äquivalente / teiläquivalente Phraseologismen (A-A1)** | | |
|---|---|---|
| **Spanisch** | **Bedeutung** | **Italienisch** |
| *Sonar a chino algo a alguien (span.)* (dt. Id.: böhmische Dörfer für jmdn. sein) | etw. zu sein, was schwierig zu verstehen ist/unverständlich reden (dt.) | *Essere arabo per qualcuno (it.)* (dt. Id.: chinesisch sein/spanisch vorkommen) |
| *Acabar con la paciencia de un santo (span.)* (dt. Id.: jemandes Geduld überstrapazieren) | eine unerträgliche Person sein (dt.) | *Fare perdere la pazienza ad un santo (it.)* (dt. Id.: jemandes Geduld überstrapazieren) |
| *Ser alguien muy suyo (span.)* (dt. Id.: zurückhaltend sein/für sich bleiben) | eine zurückhaltende Person sein, die andere auf Distanz hält (dt.) | *Stare sulle sue (it.)* (dt. Id.: zurückhaltend sein/für sich bleiben) |
| *Ahorrar como una hormiga (span.)* (dt. Id.: ein Sparschwein sein) | sehr sparsam sein (dt.) | *Fare la formica (it.)* (dt. Id.: ein Sparschwein sein) |

[3] Kongruenz bezeichnet eine Übereinstimmung.
[4] Inkongruenz bezeichnet eine Nichtübereinstimmung.

| | | |
|---|---|---|
| *Ser tiburón (span.)*<br>(dt. Id.: ein Hai sein) | sehr aggressiv sein, besonders auf der Arbeit oder in der Politik (dt.) | *Essere un piranha (it.)*<br>(dt. Id.: ein Hai sein) |

Wie aus dem Beispiel hervorgeht, gibt es bei diesen Teiläquivalenten Phraseologismenpaare, die auch einen Unterschied in der Anzahl der lexikalischen Komponenten aufweisen wie *Ser alguien muy suyo (span.) - Stare sulle sue (it.)*, wobei der spanische Phraseologismus eine lexikalische Komponente mehr aufweist, nämlich das Adverb *muy*.

Das phraseologische Paar *Sonar a chino algo a alguien (span.) - Essere arabo per qualcuno (it.)* ist durch den lexikosemantischen Unterschied markiert. Während bei dem spanischen Phraseologismus die lexikalische Komponente *chino* die Bedeutung von Unverständlichkeit einnimmt, stehen bei dem italienischen Phraseologismus solche lexikalischen Komponenten wie *arabo* für dieselbe Bedeutung.

Das phraseologische Paar *Acabar con la paciencia de un santo (span.) - Fare perdere la pazienza ad un santo (it.)* weist keinen Unterschied in der Zahl der lexikalischen Komponenten auf, wobei die lexikalische Komponente *acabar* vom spanischen Phraseologismus im Italienischen mit zwei lexikalischen Komponenten interpretiert werden muss, nämlich *fare perdere*.

Das phraseologische Paar *Ahorrar como una hormiga (span.) - Fare la formica (it.)* weist ein Unterschied in der Zahl der lexikalischen Komponenten auf. Der spanische Phraseologismus hat eine Komponente mehr. Die lexikalische Komponente *como* ist im spanischen Phraseologismus für den Vergleich verantwortlich. Die lexikalische Komponente *ahorrar (span.) – sparen (dt.)* des spanischen Phraseologismus ist viel konkreter als die italienische und damit steht sie dem Bild der Sparsamkeit näher – (dt. wörtl.: *sparen wie eine Ameise*) . Die lexikalische Komponente des italienischen Phraseologismus *fare (it.) – machen (dt.)* hat dagegen einen generellen Charakter undführt nicht sofort zum Bild der Sparsamkeit – (dt. wörtl.: *eine Ameise machen*).

Bei dem phraseologischen Paar *Ser tiburón (span.) - Essere un piranha (it.)* weist der italienische Phraseologismus eine lexikalische Komponente mehr auf, einen unbestimmten Artikel *un*. Die beiden Bildspender, sowohl im spanischen als auch im italienischen Phraseologismus, stammen aus dem *Tierbereich* bzw. aus dem Bereich jener *Fische*, die durch ihr aggressives Verhalten bekannt sind. Diese beiden lexikalischen Komponenten, sowohl *tiburón (span.) - Hai (dt.)* als auch *piranha (it.) - Piranha (dt.)*symbolisieren Aggressivität, die dann auf die Arbeitswelt bezogen wird.

### 6.2.2 Gleiche Bedeutung, annähernd gleiches Bild und gleiche Struktur

Unter dieser Gruppe werden diejenigen phraseologischen Paare zusammengefasst, die zwar ein annähernd gleiches Bild und eine gleiche Struktur besitzen, aber deren Bildspender aus verschiedenen Bereichen stammen.

Nr. 43:

| **Partiell-äquivalente / teiläquivalente Phraseologismen (B-B1)** | | |
|---|---|---|
| **Spanisch** | **Bedeutung** | **Italienisch** |
| *Estar bajo de moral (span.)* (dt. Id.: einen Durchhänger haben) | deprimiert/niedergeschlagen sein (dt.) | *Essere giù di corda (it.)* (dt. Id.: einen Durchhänger haben) |
| *No tener ni pies ni cabeza (span.)* (dt. Id.: weder Hand noch Fuß haben) | Folgewidrig/unlogisch sein/keinen Sinn haben (dt.) | *Non avere né capo né coda (it.)* (dt. Id.: weder Hand noch Fuß haben) |
| *Ser uña y carne (span.)* (dt. Id.: ein Herz und eine Seele sein) | Sehr gute/unzertrennliche Freunde sein (dt.) | *Essere culo e camicia (it.)* (dt. Id.: ein Herz und eine Seele sein) |
| *Ser un pelota (span.)* (dt. wörtl.: ein Kriecher sein) | kriecherisch/unterwürfig/ liebedienerisch sein (dt.) | *Essere un ruffiano (it.)* (dt. wörtl.: ein Kriecher sein) |

Diese Gruppe enthält die spanischen und italienischen Phraseologismen, die über feine Unterschiede verfügen. Solche Unterschiede sind relevant, wenn man die Adäquatheit von Übersetzungen untersucht, denn sie können Quellen für Interferenzen sein.

Die spanischen Phraseologismen weisen gegenüber ihrer italienischen Entsprechung Unterschiede auf, sowohl in der lexikalischen Besetzung als auch im Numerus.

Die Phraseologismen *Estar bajo de moral (span.) – Essere giù di corda (it.)* besitzen ein annähernd gleiches Bild, ihre Bildspender stammen aber aus verschiedenen Bereichen. Bei dem spanischen Phraseologismus bezieht sich das Bild von *moral (span.) – Moral (dt.)* nicht nur auf moralische Seite des menschlichen Daseins, sondern auch auf Gewissen und Ethik, also symbolisiert das Bild eine geistige Eigenschaft. Im italienischen Phraseologismus dagegen stammt der Bildspender *corda (it.) – Band/Seil (dt.)* aus dem materiellen Bildbereich.

Das phraseologische Paar *No tener ni pies ni cabeza (span.) – Non avere né capo né coda (it.)* unterscheidet sich nur durch die lexikalischen Komponenten *pies (span.) –Füsse (dt.)* und *coda (it.) – Schwanz (dt.)*. Obwohl die beiden Komponenten aus dem Körperbereich stammen, bezieht sich das Bild der spanischen Komponente *pies (spa.)* auf dem Körper eines Menschen, während sich das Bild der italienischen *coda (it.)* auf dem Körper eines Tieres bezieht. Die lexikalischen Komponenten *pies (span.)* und *coda (it.)* weisen auch ein Unterschied im Numerus auf: *pies (Pl.)* und *coda (Sg)*.

Bei dem phraseologischen Paar *Ser uña y carne (span.) – Essere culo e camicia (it.)* stammen fast alle Komponenten aus dem Körperbereich, außer einer *camicia (it.) – Hemd (dt.)*, die zum Bereich Kleidung gehört und indirekt mit dem Körperbereich verbunden ist. Wobei die Bindung zwischen *uña y carne (span.)* etwas stärker ausfällt, weil sie eben unzertrennlich sind, als bei *culo e camicia (it.)*, symbolisieren die beiden eine starke *Union*, was ihr metaphorisches Bild sehr annähern lässt.

Die Phraseologismen *Ser un pelota (span.) – Essere un ruffiano (it.)* besitzen zwei unterschiedliche Bildspender. Während die spanische lexikalische Komponente *pelota (span.) – Ball (dt.)* aus dem positiven Bildbereich stammt, ist die italienische *ruffiano (it.) – Kuppler/Schmeichler (dt.)* negativ markiert, deswegen nähert sich die italienische Komponente etwas mehr dem negativen Bild des Phraseologismus – (dt. wörtl.: *ein Kriecher sein*) an.

### 6.2.3 Gleiche Bedeutung, unterschiedliches Bild und unterschiedliche Struktur

Zu dieser Gruppe gehören solche phraseologische Paare, die über gleiche Bedeutung verfügen, aber ihre Struktur und Bild sind unterschiedlich.

Nr. 44:

| Partiell-äquivalente / teiläquivalente Phraseologismen (C-C1) | | |
|---|---|---|
| **Spanisch** | **Bedeutung** | **Italienisch** |
| *Ser como una chispa (span.)* (dt. Id.: flink wie ein Wiesel sein) | flink/agil sein (dt.) | *Essere agile come una gazzella (it.)* (dt. Id.: flink wie ein Wiesel sein) |
| *Cortar un pelo en el aire (span.)* (dt. Id.: mit allen Wassern gewaschen sein) | sehr scharfsinnig/schlau sein (dt.) | *Saperla lunga (it.)* (dt. Id.: faustdick hinter den Ohren haben) |
| *Comer a la sopa boba (span.)* (dt. wörtl.: auf anderer Leute Kosten leben) | auf Kosten von anderenleben (dt.) | *Mangiare il pane a tradimento (it.)* (dt. wörtl.: auf anderer Leute Kosten leben) |
| *Ser más listo que el hambre (span.)* (dt. Id.: schlau wie ein Fuchs sein) | sehr schlau sein (dt.) | *Essere furbo come una volpe (it.)* (dt. Id.: schlau wie ein Fuchs sein) |

Die Komponenten dieser phraseologischen Paare stammen aus verschiedenen Bereichen. Siehaben meistens eine unterschiedliche Struktur und weisen eine unterschiedliche Anzahl und Anordnung der Komponenten auf, was häufiger zu Interferenzen bei Übersetzung führen kann.

Das phraseologische Paar *Ser como una chispa (span.) – Essere agile come una gazzella (it.)* unterscheidet sich nicht nur auf der Bildebene, sondern auch auf der syntaktischen Ebene. Sie verfügen über die verschiedene Anzahl der Komponenten und bei dem italienischen Phraseologismus steht das Adjektiv vor dem Vergleich, während im spanischen Phraseologismus so ein Adjektiv abwesend ist.

Das phraseologische Paar *Cortar un pelo en el aire (span.) – Saperla lunga (it.)* unterscheidet sich komplett auf der Bildebene und auf der syntaktischen Ebene. Es weist auch die verschiedene Anzahl und die Anordnung der Komponenten auf. Während der italienische Phraseologismus nur aus autosemantischen Wörtern,besteht, weist der spanische Phraseologismusdrei autosemantische Wörter auf, darunter nur noch ein Verb und zwei Substantive.

Das phraseologische Paar *Comer a la sopa boba (span.) – Mangiare il pane a tradimento (it.)* weist ein ähnliches Bild auf, denn die beiden Bildträger stammen aus dem Bereich der Lebensmittel. Sie gleichen sich in der Anzahl der Komponenten, aber nicht in ihrer Anordnung.Während im spanischen Phraseologismus die Präposition *a* vor den metaphertragenden Komponenten *a la sopa boba (span.)* steht, nimmt sie bei den italienischen den Platz in der Mitte *il pane a tradimento (it.)*.

Das phraseologische Paar *Ser más listo que el hambre (span.) – Essere furbo come una volpe (it.)* unterscheidet sich auf der Bildebene, während im Spanischen *hambre (span.) – Hunger (dt.)* für eine Metapher steht, ist im Italienischen *volpe (it.) – Fuchs (dt.)* die Metapher. Die Phraseologismen weisen auch eine verschiedene Anzahl der Komponenten auf. Der spanische Phraseologismus weist eine lexikalische Komponente mehr auf – das Adverb *más*, das zur Verstärkung der Bedeutung dient.

### 6.2.4 Weite Bedeutung von Phraseologismen der AS und der ZS, gleiches Bild und annähernd gleiche Struktur

Bei den Phraseologismen dieser Gruppe stellt man fest, dass für semantische Wiedergabe des Phraseologismus der AS mehrere Phraseologismen in der ZS zur Wahl stehen, was natürlich auch für ZS gelten kann, wenn man die Analyse umgekehrt durchführt.Diese Phraseologismen verfügen über annähernd gleiche Struktur und gleiches Bild.

Nr. 45:

<table>
<tr><th colspan="3">Partiell-äquivalente / teiläquivalente Phraseologismen (D-D1)</th></tr>
<tr><th>Spanisch</th><th>Bedeutung</th><th>Italienisch</th></tr>
<tr><td rowspan="2">Tomar el pelo a alguien (span.)</td><td>1) jmdn. reinlegen (dt.)</td><td>1) Fare un bidone a qualcuno (it.)<br>(dt. Id.: jmdn. aufs Glatteis führen)</td></tr>
<tr><td>2) jmdn. foppen (dt.)</td><td>2) Prendere in giro qualcuno (it.)<br>(dt. Id.: jmdn. auf den Arm nehmen)</td></tr>
<tr><td rowspan="2">No tener pelos en la lengua (span.)</td><td>1) ohne Vorbehalt die Meinung sagen (dt.)</td><td>1) Non aver peli sulla lingua (it.)<br>(dt. Id.: kein Blatt vor dem Mund nehmen)</td></tr>
<tr><td>2) freizügig sprechen (dt.)</td><td>2) Non mandarle a dire (it.)<br>(dt. Id.: Haare auf den Zähnen haben)</td></tr>
</table>

In diesem Fall geht die Bedeutung eines Phraseologismus der AS viel weiter als Bedeutung eines der ZS, was dazu führen kann, dass man bei der Übersetzung vor der Wahl zwischen zwei oder mehreren Phraseologismen der ZS mit semantischen Unterschieden steht. Man muss in solchen Fällen streng den Kontext beachten, denn die Bedeutung des einzelnen Phraseologismus der ZS ist enger, was zu semantischen Interferenzen bei der Übersetzung führen kann.Solche Phraseologismen kann man als Teiläquivalente auf der semantischen Ebene betrachten. Bei dem spanischen Phraseologismus *Tomar el pelo a alguien (span.)* sieht man deutlich, dass er zwei Bedeutungen in sich einschließt. Um dem spanischen Phraseologismus zu entsprechen, müssen im Italienischen zwei Phraseologismen zum Einsatz kommen, die die Bedeutung des spanischen Phraseologismus teilen.

## 6.3 Nulläquivalenz

Es sind wenige Phraseologismen, die Nulläquivalenz aufweisen, im Korpus vorhanden, denn nulläquivalente Phraseologismen sind kulturspezifisch.

Nr. 46:

| Nulläquivalente Phraseologismen | | |
|---|---|---|
| **Spanisch** | **Bedeutung** | **Italienisch** |
| *Creerse el rey de Roma (span.)* (dt. Id.: sich für den Kaiser von Rom halten) | sich für wichtig/einen außerordentlichen Menschen halten (dt.) | *Pensare di essere il re di Roma (it.)* (dt. Id.: sich für den Kaiser von Rom halten) |
| *Bailar con su propio pañuelo (span.)* (dt. wörtl..: etwas mit dem eigenen Geld bezahlen) | etwas auf eigene Kosten übernehmen (dt.) | *Pagare qualcosa di tasca propria/con denaro proprio (it.)* (dt. wörtl..: etwas mit dem eigenen Geld bezahlen) |
| *Meterse en honduras (span.)* (dt. Id.: sich in heißes Wasser setzen) | in ein Problem geraten, das man nicht lösen kann (dt.) | *Mettersi nei guai/ inguaiarsi (it.)* (dt. Id.: sich in heißes Wasser setzen) |

Anhand des Beispiels kann man feststellen, dass die spanischen Phraseologismen, die in der italienischen Sprache Nulläquivalenz aufweisen, einfach nach der Bedeutung umgeschrieben werden können. Der spanische Phraseologismus *Creerse el rey de Roma (span.) – sich für den Kaiser von Rom halten (dt.)* kann ins Italienisch wortwörtlich interpretiert werden, denn obwohl es im Italienischen solch einen Phraseologismus nicht gibt, kann er auf jedem Fall nachvollzogen werden. Die Metapher zu diesem Phraseologismus gehört auf jedem Fall in den italienischen Kulturraum.

## 6.4 Scheinäquivalenz / Falsche Freunde

Im analysierten Korpus findet man scheinäquivalente Phraseologismen. Obwohl Spanisch und Italienisch verwandte Sprachen sind, verfügen sie dennoch über scheinäquivalente Phraseologismen, die auf der Bedeutungsebene Unterschiede aufweisen.

Nr. 47:

| Falsche Freunde | |
|---|---|
| **Spanisch** | **Italienisch** |
| Ser una calamidad (span.)<br>(dt. wörtl.: keinen Charakter haben) | Essere una calamità (it.)<br>(dt. wörtl.: eine Katastrophe sein) |
| Hacer el indio (span.)<br>(dt. wörtl.: sich albern benehmen) | Fare l'indiano (it.)<br>(dt. wörtl.: vortäuschen, als ob man nicht versteht) |
| Ir de punta en blanco (span.)<br>(dt. wörtl.: tadellos/piekfein angezogen sein) | Andare/venire di punto in bianco (it.)<br>(dt. wörtl.: plötzlich weggehen/kommen) |
| Ser una momia (span.)<br>(dt. wörtl.: sehr alt sein/spindeldürr sein) | Essere una mummia (it.)<br>(dt. wörtl.: sehr alt sein/rückständig sein) |

Wie man in dem Beispiel sehen kann, verfügen die scheinäquivalenten Phraseologismen oder *Falsche Freunde* über die gleiche syntaktischeStruktur und ihre lexikalischen Komponenten sind nach dem gleichen Muster angeordnet. Aber semantisch sind sie völlig verschieden, deswegen kann es bei der Interpretation solcher Phraseologismen aus der spanischen Sprache in die italienische zu zahlreichen Interferenzen kommen.

### 6.5 Idiomatizität – Nicht-Idiomatizität

Wirklich schwierig wird es mit der Interpretation von Phraseologismen von AS in ZS bei einer Textumgebung, die zunächst identifiziert werden müssen. Hier stößt man auf Ausnahmen, welche die Identifikation von Phraseologismen erschweren. Es können in diesen Fällen zwei Übersetzungsmöglichkeiten vorkommen, eine wörtliche und eine phraseologische.

Solche Phraseologismen wie *Ser un poema* (span.) und *Essere un sogno* (it.) können als Nicht-Phraseologismen bei der Übersetzung identifiziert werden, deswegen sind die vorangehenden und nachfolgenden Komponenten im Kontext für diese Fälle sehr wichtig.

Nr. 48:

| Phraseologismus | Interpretation | |
|---|---|---|
| | **wörtliche** | **phraseologische** |
| *Ser un poema* (span.) (dt. Id.: ein Gedicht sein) | *Este libro es un poema* (dt. wörtl.: dieses Buch ist ein Gedicht) | *Este libro es un poema* (dt. Id.: dieses Buch ist ein Gedicht) |
| *Essere un sogno* (it.) (dt. Id.: ein Traum sein) | *Quel libro è un sogno* (dt. wörtl.: dieses Buch ist ein Traum) | *Quel libro è un sogno* (dt. Id.: dieses Buch ist ein Traum) |

In dem Beispiel sieht man, dass Phraseologismen ohne Kontext nicht zu erkennen sind. Die beiden sprachlichen Ausdrücke, sowohl wörtliche als auch phraseologische, müssen mit dem vorangehenden oder nachfolgenden Kontext erweitert werden. Wenn der Ausdruck *Ser un poema* (span.) oder *Essere un sogno (it.)* in einen Kontext eingefügt wird, ist seine Bedeutung von diesem Kontext abhängig.

Nr. 49:

| Phraseologismus | Interpretation | |
|---|---|---|
| | **wörtliche** | **phraseologische** |
| *Ser un poema* (span.) (dt. Id.: ein Gedicht sein) | *El libro que estoy escribiendo, es un poema. Me gustan las poemas.* | *El libro que ho comrado, es una novela muy interesante. Es simplemente un poema.* |
| *Essere un sogno* (it.) (dt. Id.: ein Traum sein) | *Il libro che sto scrivendo, l'ho visto in un sogno.* | *Il libro che ho comprato è un sogno. È molto interessante.* |

Das Beispiel zeigt, wie die Kontexte bei den phraseologischen und nicht phraseologischen Ausdrücken variieren können. Besonders bei dem italienischen nicht phraseologischen Ausdruck sieht man, dass man ihn fast nur in Vergangenheitsform produzieren kann. Im Gegensatz zum nicht phraseologischen Ausdruck weist der phraseologische viele grammatische Restriktionen auf. So können bei phraseologischen Ausdrücken unbestimmter Artikel durch bestimmter und Singular durch Plural nicht ersetzt werden. Die Festigkeit der Zeitformen kommt in diesem Beispiel nicht vor. Diese Phraseologismen können hier nicht nur die Präsensform, sondern auch Zukunfts- und Vergangenheitsform annehmen.

Um die Phraseologismen von Nicht-Phraseologismen zu unterscheiden, muss man syntaktische Einschränkungen berücksichtigen. Diese Einschränkung stellt die syntaktische Fixiertheit dar, die Phraseologismen auszeichnet und zu ihrer Identifikation in Übersetzungen führt.

### 6.6 Quantitative Ergebnisse der Äquivalenzanalyse

Das quantitative Ergebnis der Äquivalenzanalyse zeigt, in welchem Verhältnis spanische und italienische Phraseologismen auf verschiedenen Äquivalenzstufen zu einander stehen. Es wird hier nicht nur das Ergebnis der allgemeinen Äquivalenz, sondern auch das Ergebnis der Teiläquivalenz präsentiert. Es ist notwendig die Ergebnisse zu trennen, weil die Teiläquivalenz mehrere Untertypen aufweist.

#### 6.6.1 Allgemeine Äquivalenz

Bei der *allgemeinen Äquivalenz* sieht man deutlich, dass die spanischen Phraseologismen die italienischen überwiegen. Das liegt in diesem Fall daran, dass das analysierte Korpus auf dem unilateralen Prinzip gebaut ist. Während *Nulläquivalenz* und *Falsche Freunde* wenige Phraseologismen enthalten und damit zu den kleinsten Gruppen gehören, zeigt sich *Teiläquivalenz* als die größte Gruppe im Korpus.

Nr. 50:

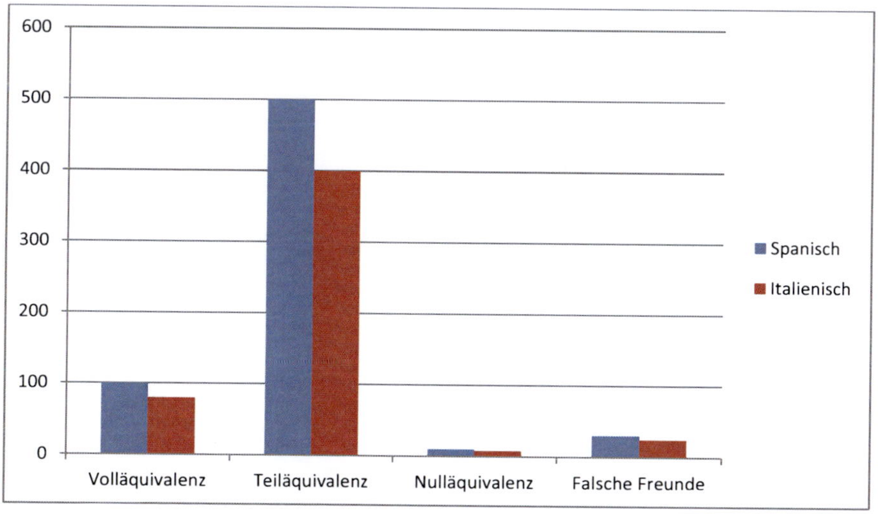

### 6.6.2 Teiläquivalenz

Bei der Teiläquivalenz gilt dasselbe Prinzip wie bei der allgemeinen Äquivalenz, wonach die spanischen Phraseologismen in der Mehrzahl gegenüber den italienischen sind. Nur bei der letzten Gruppe *(weite Bedeutung von Phraseologismen der AS und der ZS D-D1)* überwiegen die italienischen Phraseologismen die spanischen, denn in dieser Gruppe gibt es mehr italienische Phraseologismen, die eine weite Bedeutung aufweisen, denn die Semantik eines solchen italienischen Phraseologismus entspricht der Semantik von zwei oder mehreren spanischen Phraseologismen.

Nr. 51:

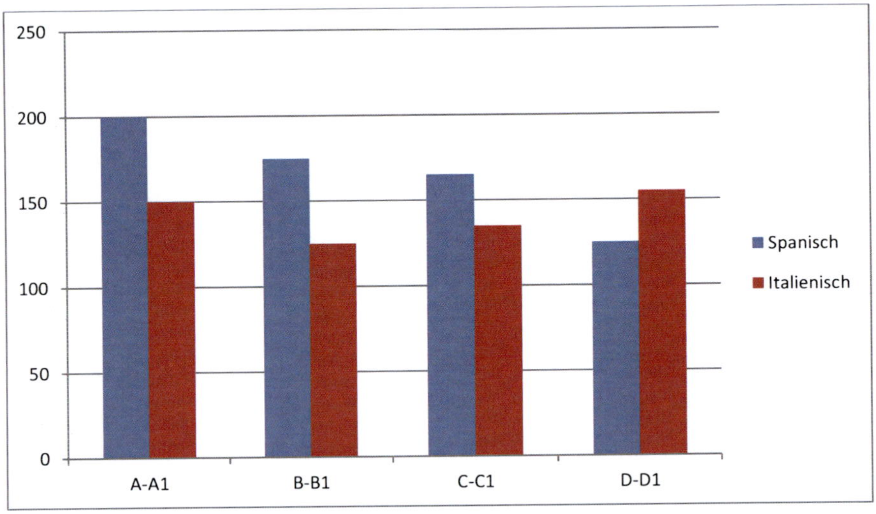


### 6.7 Übersetzungsvorgänge nach der Äquivalenzanalyse

Nach der Äquivalenzanalyse stellt sich heraus, dass es verschiedene Vorgänge gibt, um die Phraseologismen von AS in ZS zu übersetzen. Anhand der Tabelle wird gezeigt, welcher Übersetzungsvorgang welcher Äquivalenzform entsprechen kann.

Nr. 52:

| Typen der Äquivalenz | | Übersetzungsvorgang |
|---|---|---|
| Volläquivalenz | | Idiom ➲ Idiom<br>(Substitution) |
| Teiläquivalenz | A-A1 | Idiom ➲ Idiom<br>(teilweise Strukturumordnung) |
| | B-B1 | Idiom ➲ Idiom<br>(teilweise Bildumschreibung) |
| | C-C1 | Idiom ➲ Idiom<br>(Strukturumordnung)<br>(Bildumschreibung) |
| | D-D1 | Idiom ➲ Idiom + Idiom |
| Nulläquivalenz | | Idiom ➲ Auslassung<br>Idiom ➲ Umschreibung |
| Falsche Freunde | | Idiom ➲ Umschreibung<br>Idiom ➲ Einzellexem |

Nach der Äquivalenzanalyse spanischer und italienischer Phraseologismen stellt man fest, dass nur die volläquivalenten Phraseologismen substituiert oder wortwörtlich übersetzt werden können, denn sie stimmen auf semantischer undsyntaktischer Ebene und Bildebene völlig überein. Bei den teiläquivalenten Phraseologismen müssen die syntaktischeStruktur des Phraseologismus in der ZS manchmal teilweise oder völlig umgeordnet und das Bild umgeschrieben werden. Das gilt aber nur für die teiläquivalenten Phraseologismen, die die gleiche semantische Bedeutung aufweisen. Bei den teiläquivalenten Phraseologismen auf semantischer Ebene sieht es anders aus. Der Phraseologismus der AS kann in der ZS mit zwei oder mehreren Phraseologismen belegt werden, denn der Phraseologismus der AS weist gegenüber dem Phraseologismus der ZS eine breitere Bedeutung auf. Bei den nulläquivalenten Phraseologismen können die Phraseologismen der ZS einfach ausgelassen oder umgeschrieben werden, denn es gibt keinen äquivalenten Phraseologismus in der ZS. Bei den scheinäquivalenten Phraseologismen, auch *Falsche Freunde* genannt, kann der Phraseologismus in der ZS entweder umgeschrieben oder durch Einzellexem ersetzt werden.

### 6.8 Probleme bei der Übersetzung von Phraseologismen

Die Phraseologismen stellen immer noch ein Übersetzungsproblem dar. Mithilfe der modernen Technik und Softwareentwicklung wird versucht, die Phraseologismen anhand der semantisch-syntaktischen Analyse zu übersetzen.

Dabei wird z.B. eine logische Programmiersprache wie Prolog[5] benutzt. Sowohl die Computerlinguistik als auch die Phraseologieforschung sind aufeinander angewiesen und stehen immer noch vor einem Problem, wenn es um die Übersetzung von Phraseologismen geht. Die Computerlinguistik nutzt ihrerseits Erkenntnisse der Phraseologieforschung. Die Phraseologieforschung verwendet ihrerseits die Forschungen der Computerlinguistik, wenn es um die Ermittlung und Überprüfung der Wortkombinationen und Präsentationsmöglichkeiten lexikalischer Strukturen geht. Die Frage, welche Verfahren bei der automatischen Sprachverarbeitung ausgewählt werden müssen, stellt immer noch ein größtes Problem dar.

Im Gegensatz zur Wort-für-Wort-Verarbeitung, die bei maschineller Übersetzung üblicherweise verwendet wird, müssen nach Rothkegel (Rothkegel, 2007, 1028) phraseologische Ausdrücke erst erkannt werden. Es muss festgestellt werden, aufgrund welcher Bedingungen eine Wortkette im laufenden Text angeordnet ist, um eine lexikalisch-semantische Einheit darzustellen.

Die Computerlinguistik beschäftigt sich mit der Frage der Identifikation von Phraseologismen bei der automatischen Sprachverarbeitung, die immer noch einen Mangel aufweist. Bei der Identifikation von Phraseologismen spielen zuerst morphosyntaktische Phänomene eine große Rolle. Die Phraseologieforschung beschäftigt sich ihrerseits mit der Modellierung von Phraseologismen auf morphosyntaktischer und semantischer Ebene, dabei sind lexikalische und grammatische Informationen der Sprachanalyse und -generierung auch von Bedeutung. Die Computerlinguistik verwendet in diesem Fall die Ergebnisse der Phraseologieforschung, die bestimmte phraseologische Modelle liefern kann. Die spezifischen Bedeutungskonstruktionen von Phraseologismen müssen erst erfasst werden.

---

[5] Prolog ist eine logische Programmiersprache. Prolog-Programme bestehen aus einer Datenbasis, deren Einträge sich Fakten undRegeln nennen. Der Benutzer formuliert Anfragen an diese Datenbasis. Der Prolog-Interpret benutzt die Fakten und Regeln, um systematisch eine Antwort zu finden. Ein positives Resultat bedeutet, dass die Anfrage logisch ableitbar ist. Ein negatives Resultat bedeutet nur, dass aufgrund der Datenbasis keine Ableitung gefunden werden kann.

Viele Übersetzungsmethoden, die in Übersetzungsprogrammen zum Einsatz kommen, verwenden das Prinzip der Bedeutungsunterscheidung von übersetzten Komponenten. Nach Rothkegel (Rothkegel, 2007, 1033) wird dabei die richtige Semantik von übersetzten Komponenten im Phraseologismus öfter nicht erkannt. Die neue Methode, die sich mit Bedeutungsbeschreibung beschäftigt und bei der es auch um die Zuordnung von übersetzten Äquivalenten auf Basis der Bedeutungsbeschreibung geht, könnte das Problem lösen. Die Phraseologieforschung könnte zu diesem Zweck auch zahlreiche Daten liefern, die semantische Präsentationen von phraseologischen Konstituenten darstellen und die in Datenbanken erfasst werden können.

Die Eigenschaften von Phraseologismen wie Polylexikalität, Idiomatizität und Festigkeit tragen nach Rothkegel (Rothkegel, 2007, 1028) dazu bei, das entsprechende Verfahren anzusetzen bzw. zu versuchen, eine solche Bearbeitung zu verwenden, die zu richtigen Ergebnissen führen kann.Dabei tragen auch pragmatische, psycholinguistische und kognitive Festigkeit dazu bei, die richtigen Verfahren einzusetzen. Die grundlegende Charakteristik von Phraseologismen durch diese Eigenschaften kann so verteilt werden, dass z. B. die Identifikation von Phraseologismen auf Festigkeit und mögliche Substituierbarkeit von Konstituenten basiert, während die semantische Präsentation sich auf Idiomatizität beschränkt. Bei dem analysierten Korpus stehen diese Eigenschaften im Vordergrund und setzen voraus, die Modelle, die auf festen syntaktischen Strukturen fußen, im Korpus zu bestimmen. Das folgende Beispiel präsentiert die feste syntaktische Struktur, die für einige Phraseologismen im analysierten Korpus einsetzbar sein kann.

Nr. 53:

| **Feste syntaktische Strukturen** | |
|---|---|
| **Spanisch** | **Italienisch** |
| Ser.........come.........<br>⇧ ⇧<br>*Adjektiv* *Substantiv*<br><br>Tener.........come.........<br>⇧ ⇧<br>*Adjektiv* *Substantiv* | Estar .........come.........<br>⇧ ⇧<br>*Adjektiv* *Substantiv* |

Die Computerlinguistik und die Phraseologieforschung benutzen verschiedene Methoden, die Phraseologismen im Text zu erkennen, um eine sinngemäße Übersetzung darzubieten. Eine dieser Methoden ist ein statistisches Verfahren, das auf korpusbasierten Ergebnissen beruht. Das statistische Verfahren basiert hauptsächlich auf dem Prinzip der Polylexikalität von Phraseologismen. Software wie dtSearch zählt die Kookkurrenzen[6] von Lexemen im Phraseologismus. Dabei können die systematischen Strukturen von Phraseologismen durch ihre Festigkeiten erfasst werden. In diesem Fall wird auf die so genannten Sonderfälle, die durch ihre Struktur auffällige Kookkurrenzen darstellen, Rücksicht genommen. Diese Kookkurrenzen weisen eine von der Normalhäufigkeit abweichende Frequenz auf. In Bezug auf Phraseologie wird häufig der Begriff *Kollokation*[7] verwendet. Bei Kollokation wird das gemeinsame Auftreten lexikalischer Einheiten durch ihre engen semantischen Beziehungen charakterisiert. Für die Phraseologieforschung sind auf Kollokationen basierende Beziehungen von lexikalischen Einheiten sehr wichtig. Nach Aitchison (Aitchison, 1987, 85) dominieren im mentalen Lexikon[8] koordinative und kollokationale (horizontale) Beziehungen. Subordinative (vertikale) Beziehungen sind etwas schwächer ausgeprägt.

Für das analysierte Korpus ist es wiederum sehr schwierig, das statistische Verfahren, das aufKollokationen bzw. Kookkurrenzen beruht ist, anzusetzen, denn es könnte nur noch partielle Ergebnisse vorführen. Für das analysierte Korpus gelten die folgenden Beispiele mit den Verben *estar (span.)* und *essere (it.)* als Schlüsselwörter und von ihnen abhängige autosemantische Wörter, welche die Kollokationsnetze für die folgenden Phraseologismen bilden.

---

[6] Kookkurrenz bezeichnet in der allgemeinen Linguistik das gemeinsame Auftreten zweier lexikalischer Einheiten (z. B. Wörter) in einer übergeordneten Einheit, wie z.B. in einem Satz. Diese lexikalischen Einheiten sind voneinander abhängig, wenn sie auffällig häufig gemeinsam auftreten.

[7] Als Kollokation bezeichnet man in der Linguistik das gehäufte benachbarte Auftreten von Wörtern. Von Kollokation spricht man, wenn eine grammatikalische oder semantische Abhängigkeit zweier häufig gemeinsam auftretender Begriffe erwiesenermaßen vorliegt. Aufgrund der unklaren Definition von *Kollokation* ist unter Umständen der Begriff *Kookkurrenz* vorzuziehen.

[8] Das mentale Lexikon ist ein Oberbegriff für die Art und Weise, wie das Gehirn das Vokabular und die Bedeutung der einzelnen Wörter organisiert. Ein Lexikon ist eine Beschreibungsebene, die zur Kodifizierung des Wortschatzes einer Sprache dient, soweit seine Formen und Bedeutungen nicht aus den allgemeinen Regularien des Sprachsystems abgeleitet werden können.

Nr. 54:

| Spanisch | Italienisch |
|---|---|
| *Estar bajo de moral*<br>(dt. Id.: niedergeschlagen sein) | *Essere giù di corda*<br>(dt. Id.: einen Durchhänger haben) |
| *Estar bajo mínimos*<br>(dt. Id.: am Tiefpunkt sein) | *Essere a terra*<br>(dt. Id.: am Boden zerstört sein) |
| *Estar al corriente*<br>(dt. Id.: auf dem Laufenden sein) | *Essere al corrente*<br>(dt. Id.: auf dem Laufenden sein) |
| *Estar al dia*<br>(dt. Id.: auf dem Laufenden sein) | *Essere al giorno*<br>(dt. Id.: auf dem Laufenden sein) |
| *Estar alegre como unas pascuas*<br>(dt. Id.: sich freuen wie ein Schneekönig) | *Essere allegro come una pasqua*<br>(dt. Id.: sich freuen wie ein Schneekönig) |
| *Estar más contento que unas pascuas*<br>(dt. Id.: vor Vergnügen strahlen) | *Essere contento come una pasqua*<br>(dt. Id.: vor Vergnügen strahlen) |
| *Estar más contento que unas castañuelas*<br>(dt. Id.: quietschfidel sein) | *Essere contento come una pasqua*<br>(dt. Id.: vor Vergnügen strahlen) |
| *Estar más contento que un ocho*<br>(dt. Id.: rundum zufrieden sein) | *Essere felice e contento*<br>(dt. Id.: rundum zufrieden sein) |
| *Ser moneda corriente*<br>(dt. Id.: an der Tagesordnung sein) | *Essere di ordinaria amministrazione*<br>(dt. Id.: an der Tagesordnung sein) |

Kollokationsnetz mit dem Schlüsselverb *estar* (span.) vom Nr. 54:

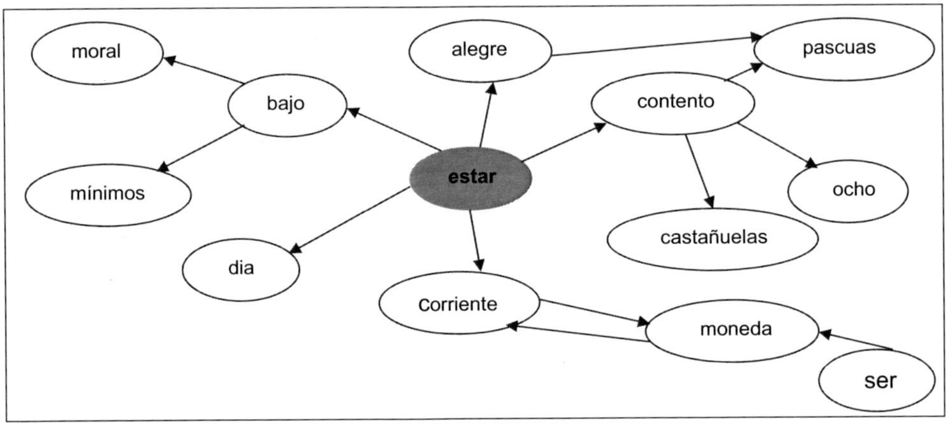


Kollokationsnetz mit dem Schlüsselverb *essere* (it.) vom Nr. 54:

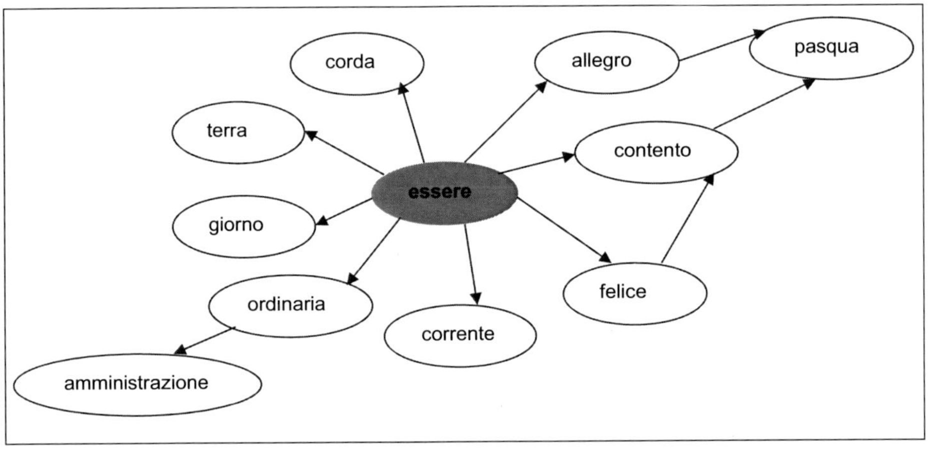


Anhand des Beispiels Nr. 54 verhalten sich die beiden Kollokationsnetze unterschiedlich. Während das spanische Verb ein komplettes Kollokationsnetz der präsentierten Phraseologismen darstellt, ist das italienische nicht komplett. Es musste aber eine derartige Einschränkung eingeführt werden, um die italienischen Phraseologismen für das obere Beispiel zu präsentieren. Im Gegensatz dazu könnte das italienische Kollokationsnetz erweitert werden, es würde dann aber mit den spanischen Phraseologismen nicht mehr übereinstimmen. In diesem Fall stellen die italienischen Phraseologismen nur die Äquivalenten dar, um die spanischen zu übersetzen, weil das Korpus auf dem unilateralen Prinzip gebaut ist.

Anhand solcher Kollokationsnetze kann man den Zusammenhang zwischen den Komponenten in einem Phraseologismus herstellen. Auf der Basis dieser Kollokationsnetze können die semantisch-syntaktischen Strukturen von Phraseologismen im Korpus erschlossen und verarbeitet werden, um sie von einer in die andere Sprache zu übersetzen, im gegebenen Fall aus dem Spanischen ins Italienische. Besonders effizient lassen sich die Kollokationen mithilfe der *Text Mining*[9]-Methode bei der linguistischen Datenverarbeitung des Korpus ermitteln.

*Text Mining* beschäftigt sich in Bezug auf Kookkurrenzen mit Satzkookkurrenz, in der lexikalische Einheiten gemeinsam in einem Satz auftreten, in der Nachbarschaftskookkurrenz, in der lexikalische Einheiten unmittelbar nebeneinanderstehen. Für die Phraseologismen des analysierten Korpus gilt überwiegend das Prinzip der Nachbarschaftskookkurrenz, obwohl die Satzkookkurrenz nicht ausgeschlossen ist.Alle Kookkurrenzen bzw. Kollokationen stellen hier feste Syntagmen dar, weil sie nicht nur semantisch-syntaktische, sondern auch grammatikalische Abhängigkeiten der Komponenten nachweisen:

[9] Text Mining ist ein Bündel von Analyseverfahren, die die algorithmusassistierte Entdeckung von Bedeutungsstrukturen aus un- oder schwachstrukturierten Textdaten ermöglichen soll. Mit statistischen und linguistischen Mitteln erschließt Text-Mining-Software aus Texten Strukturen, die die Benutzer in die Lage versetzen sollen, Kerninformationen aus den verarbeiteten Texten schnell zu erschließen.

Nr. 55:

| **Lexikalische Einheit** | **Kookkurrenzen (feste Syntagmen)** |
|---|---|
| cosa → (span.) | *Decir **cosa**s sin orden ni concierto* (span.)<br>(dt. Id.: dummes Zeug reden)<br>*Venirle grande una **cosa** a alguien* (span.)<br>(dt. Id.: eine harte Nuss für jemanden sein)<br>*Estar una **cosa** de rechupete* (span.)<br>(dt. Id.: etwas, nach dem man sich die Finger lecken kann)<br>*Ser **cosa** de novela* (span.)<br>(dt. Id.: romanreif sein)<br>*No pegar ni con cola una **cosa** con otra* (span.)<br>(dt. Id.: sich mit etwas nicht vertragen)<br>*Estar una **cosa** para chuparse los dedos* (span.)<br>(dt. Id.: etwas, nach dem man sich die Finger abschlecken kann)<br>*Ser poca **cosa*** (span.)<br>(dt. Id.: unbedeutend sein) |
| cosa → (it.) | *Essere una **cosa** sopraffina* (it.)<br>(dt. Id.: das Feinste vom Feinsten sein)<br>*Essere una **cosa** corrente* (it.)<br>(dt. Id.: gang und gäbe sein)<br>*Essere una **cosa** da leccarsi le dita* (it.)<br>(dt. Id.: etwas, nach dem man sich die Finger lecken kann)<br>*Essere una **cosa** pazzesca* (it.)<br>(dt. Id.: unglaublich sein)<br>*Fare a pugni una **cosa** con l'altra* (it.)<br>(dt. Id.: sich mit etwas beißen) |

Man sieht in diesem Beispiel, dass die spanischen Phraseologismen für dieselbe lexikalische Einheit die italienischen überbieten. Sowohl die spanischen als auch die italienischen Phraseologismen entsprechen der lexikalischen Einheit *cosa*, die im analysierten Korpus vorkommt. Anhand solcher lexikalischen Einheiten kann man alle möglichen Kookkurrenzen im Korpus finden.

Wie die Beispiele von Festigkeit und Stabilität beweisen, sind die Phraseologismen hinsichtlich der Sequenz und auch ihrer morphosyntaktischen Eigenschaften fixiert, was natürlich die Erstellung von Kollokationslisten sehr erleichtert. Es ist aber wichtig, bei solcher Erstellung zu Kenntnis zu nehmen, dass es Ausnahmen gibt, die nicht klassifiziert werden können. Zu diesen Ausnahmen zählen z.B. die Phraseologismen, die nur einzelnes Wort mit semantischer Umdeutung nachweisen und Phraseologismenmit Eigennamen, die das analysierte Korpus auch beinhaltet.

Nr. 56:

| **Spanisch** | **Italienisch** |
|---|---|
| *Ser un poema (span.)*<br>(dt. Id.: ein Gedicht sein)<br>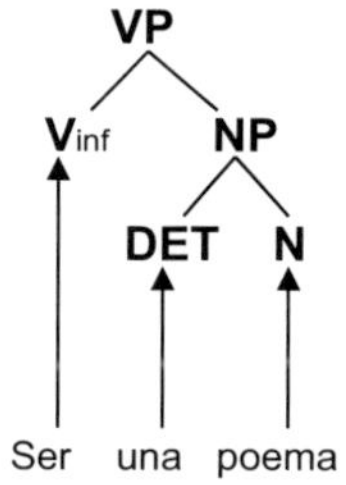<br> | *Essere un sogno (it.)*<br>(dt. Id.: ein Gedicht sein)<br>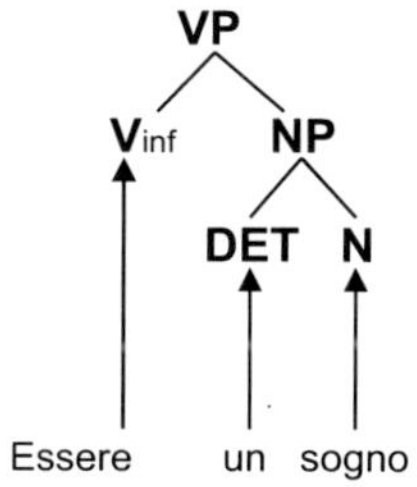<br> |
| *Ser una maravilla (span.)*<br>(dt. Id.: ein Gedicht sein)<br>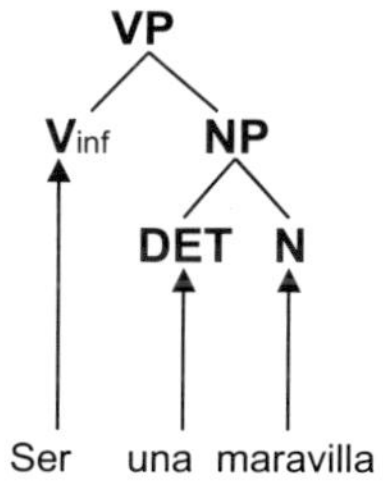<br> | *Essere una meraviglia (it.)*<br>(dt. Id.: ein Gedicht sein)<br>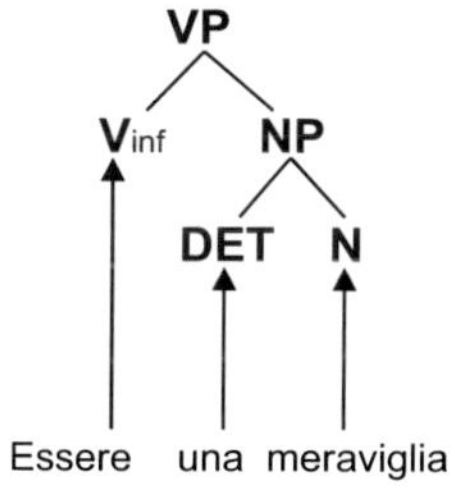<br> |
| *Ser fantástico (span.)*<br>(dt. Id.: ein Gedicht sein)<br>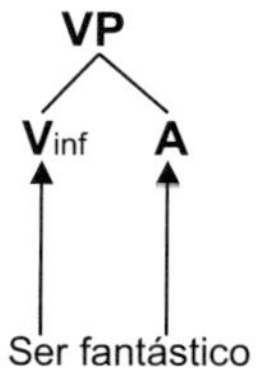<br> | *Essere un sogno (it.)*<br>(dt. Id.: ein Gedicht sein)<br>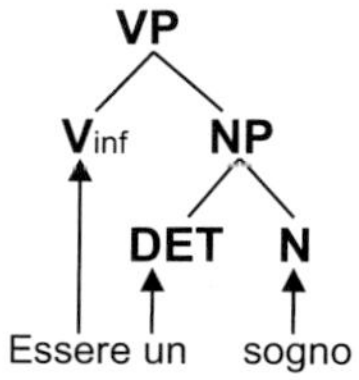<br> |

*Ser milagroso (span.)*
(dt. Id.: an ein Wunder grenzen)

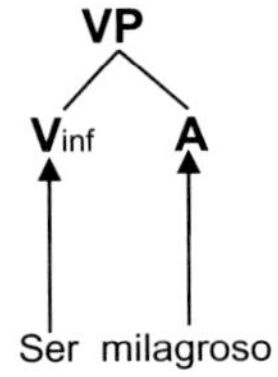


*Avere del miracoloso (it.)*
(dt. Id.: an ein Wunder grenzen)

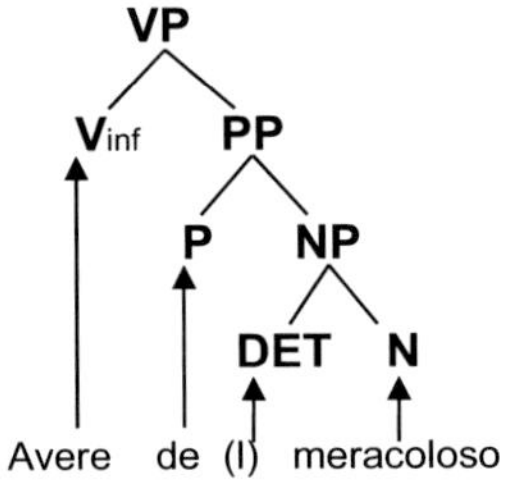


*Tener la paciencia del santo Job (span.)*
(dt. Id.: eine Engelsgeduld haben)

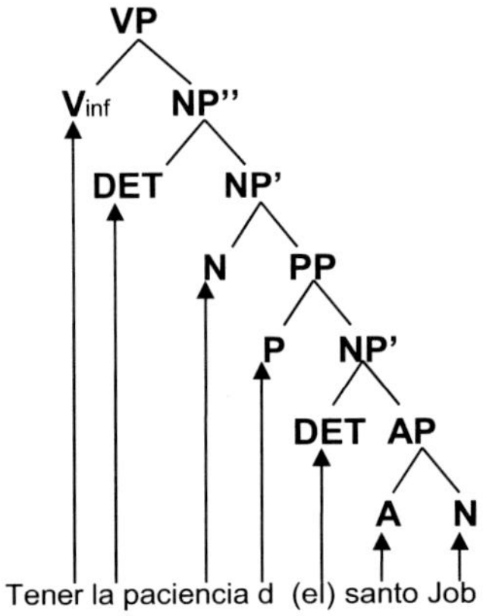


*Avere la pazienza di Giobbe (it.)*
(dt. Id.: eine Engelsgeduld haben)

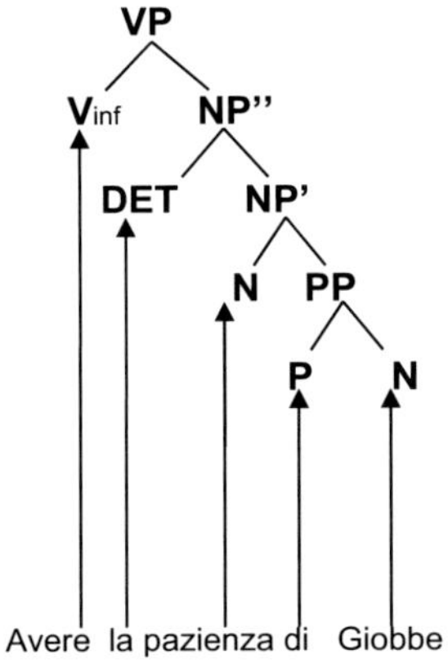


Die Phraseologismen weisen hier die Unterschiede aus Sicht der generativen Syntax auf. So bei dem phraseologischen Paar *Tener la paciencia del santo Job (span.) – Avere la pazienza di Giobbe (it.)* weist der spanische Phraseologismus eine Nominalphrase und eine Adjektivphrase mehr gegenüber dem italienischen und ist auch durch die Verschmelzung von Präposition mit Artikel charakteresiert. Der italienische Phraseologismus *Avere del miracoloso (it.)*, der durch die Verschmelzung von Präposition mit Artikel charakteresiert ist, verfügt über eine Präpositional- und Nominalphrase, während der spanische *Ser milagroso (span.)* ein Adjektiv an der Stelle aufweist. Das phraseologische Paar *Ser fantástico (span.)* und *Essere un sogno (it.)* unterscheidet sich dadurch, dass der italienische Phraseologismus eine Nominalphrase beinhaltet, während der spanische nur ein Adjektiv an der Stelle hat.

Bei diesen Phraseologismen spielt die feste Valenz des Verbes eine wichtige Rolle, was bedeutet, dass der Kollokationsliste in diesen Fällen nur die Verben als Schlüsselwörter zu Grunde liegen, weil sie die anderen Komponenten an sich binden.

Die Kollokationslisten können also der elektronischen Übersetzung von Phraseologismen, die in einem Korpus erfasst sind,dienen. Dabei gelten als Beispiel die Onlinewörterbücher, darunter auch phraseologische Lexika, die auf Datenbanken beruhen, dieKollokationslisten bzw. Kookkurrenzen verwenden.

Die modernen Forschungen in der Computerlinguistik und Phraseologie und ihre Interaktion in der Zusammenarbeit tragen ohne Weiteres dazu bei, die Übersetzung von Phraseologismen zu unterstützen. Die Kategorisierung von Phraseologismen im Korpus kann dazu dienen, die Übersetzung aus einer Sprache in die andere so zu gestalten, dass es möglich wäre, den richtigen Phraseologismus aus der Datenbank auszuwählen. Auf Modellierungsebene kann jede Kategorie vom analysierten Korpus für eine Datenbank dargestellt werden.

Nr. 57:

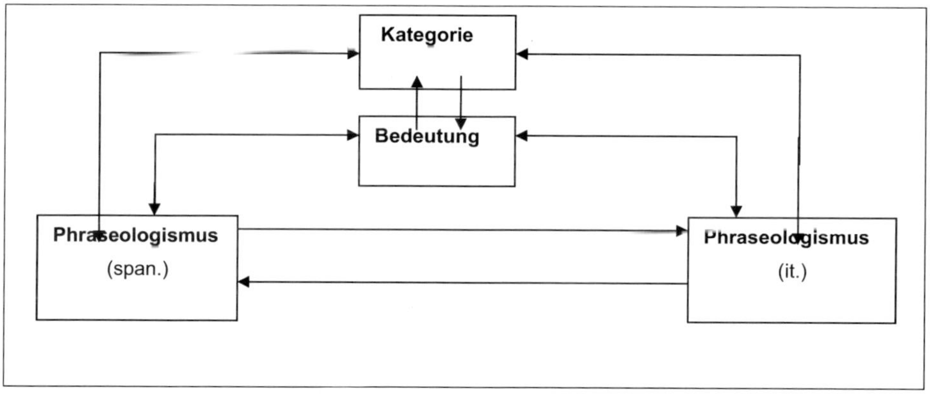


Anhand des Beispiels sieht man, wie man die spanischen Phraseologismen und ihren italienischen Äquivalenten, die derselben Kategorie zugeordnet sind, in einer Datenbank ausfindig macht.

Anders als bei den Kollokationslisten geht man in diesem Fall von einer Kategorie aus, die es erlaubt, sofort auf die Bedeutung des Phraseologismus zu kommen sowie dieser Kategorie untergeordnete Phraseologismen, die in zwei Sprachen erfasst sind. Im analysierten Korpus sind die Phraseologismen, die zur selben Kategorie gehören, sowohl der spanischen als auch der entsprechenden italienischen, nicht nur unter gleicher Kategorie, sondern auch unter gleicher Bedeutungsbeschreibung erfasst. Wenn man aber nicht von der Kategorie, sondern von der Bedeutungsbeschreibung ausgehen will, kann man nicht nur den gesuchten Phraseologismus – z. B. in der spanischen Sprache und seine Äquivalent in der italienischen – finden, sondern auch die entsprechende Kategorie. Für die Datenbanken sind die Kategorisierungen von großer Bedeutung. Es können aber trotzdem Schwierigkeiten mit dem Auffinden von Phraseologismen in den Datenbanken, die auf den Kategorisierungen beruhen, entstehen, wenn z. B. eine Kategorie unendlich lang ist. Hier kommen die Subkategorien und auch Subsubkategorien zum Einsatz, die ihrerseits die Kategorien klassifizieren. Im analysierten Korpus wird auf die Methode der Subkategorisierung verzichtet, weil das Korpus in seinem Umfang eingeschränkt ist.

Jedoch verfügen bis jetzt existierende Programme noch immer nicht über die Fähigkeiten, die Phraseologismen richtig zu erkennen und zu übersetzen. Die Schwierigkeit besteht hauptsächlich darin, die metaphorischen, psycholinguistischen, kognitiven und pragmatischen Aspekte von Phraseologismen so zu erfassen, dass sie durch eine logische Programmierspracheinterpretiert werden können.

## 7 Didaktischer Nutzen der durchgeführten Analyse

Die durchgeführte kontrastive Analyse vom Korpus der spanischen und italienischen Phraseologismen führt zu Ergebnissen, die in der folgenden Tabelle dargestellt werden.

Nr. 58:

| | Unterschiede % | | Ähnlichkeiten % | | Interferenzen % |
|---|---|---|---|---|---|
| | Syntaktische | Semantische | Syntaktische | Semantische | |
| Polylexikalität | 40 | 20 | 60 | 70 | 25 |
| Festigkeit und Stabilität | 20 | 30 | 90 | 80 | 20 |
| Idiomatizität | 70 | 30 | 30 | 70 | 50 |

Nach der Korpusanalyse spanischer und italienischer Phraseologismen kommt man zu bestimmten Ergebnissen, die nur im Rahmen dieses Korpus betrachtet werden können.

Es ist eine generelle Darstellung von syntaktischen und semantischen Unterschieden und Ähnlichkeiten von spanischen und italienischen Phraseologismen, denen solche Merkmale wie Polylexikalität, Idiomatizität und Festigkeit und Stabilität zu Grunde liegen. Es wird auch auf die möglichen syntaktischen und semantischen Interferenzen bei der Anwendung von spanischen Phraseologismen von Nicht-Muttersprachlern, in diesem Fall von Italienisch-Muttersprachlern, eingegangen, die letztendlich als didaktische Zwecke gelten sollen.

Bei der polylexikalischen Analyse ist der Anteil von spanischen und italienischen Phraseologismen, die sich auf syntaktischer und semantischer Ebene unterscheiden, bemerkenswert. Dennoch überwiegen die Ähnlichkeiten, sowohl die semantischen als auch die syntaktischen. Dass es doch zu einigen syntaktischen Unterschieden bei der polylexikalischen Analyse dieser Sprachen kommt, liegt daran, dass die Anzahl der lexikalischen Komponenten nicht immer gleich und auch unterschiedlich angeordnet ist.

Bei der Analyse auf Festigkeit und Stabilität stellt sich heraus, dass die spanischen und italienischen Phraseologismen auf der syntaktischen Ebene nicht so viele Unterschiede aufweisen. Sowohl die spanischen als auch italienischen Phraseologismen sind auf lexikalisch-syntaktischer Ebene nicht kommutierbar. Die Ausnahme ist nur das Tempus, denn das kann sich ändern, ohne einen Phraseologismus zu beeinflussen. So muss ein Phraseologismus seinen phraseologischen Charakter nicht zu Gunsten einer freien Wortverbindung aufgeben. Die Verben sowohl in spanischen als auch in italienischen Phraseologismen weisen eine feste Valenz auf. Auf der Ebene der generativen Syntax weisen die spanischen Phraseologismen gegenüber den italienischen nicht so viele Unterschiede auf. In den neunzehn analysierten Fällen bei der Festigkeit und Stabilität, zeigen sich zehn Unterschiede, die eben nicht signifikant sind. Solche Phraseologismen weisen Teiläquivalenz auf. Die Unterschiede liegen meistens daran, dass, während der spanische Phraseologismus über eine Präpositionalphrase verfügt, weist der italienische an der Stelle eine Nominal-, Verbal- oder Adjektivphrase auf, außer dem Fall, wo der spanische Phraseologismus eine Complementizer Phrase beinhaltet, während der italienische eine Präpositionalphrase an der Stelle aufweist. In der folgenden Tabelle werden dieUnterschiede auf der Ebene der generativen Syntax, die im Korpus vorkommen, verdeutlicht.

Nr. 59:

| **Unterschiede – generativer Syntax** | | |
|---|---|---|
| | **Spanisch** | **Italienisch** |
| VP | PP - Präpositionalphrase | AP - Adjektivphrase<br>VP - Verbalphrase |
| | PP - Präpositionalphrase | NP - Nominalphrase |
| NP | NP - Nominalphrase<br>PP - Präpositionalphrase | N - Nomen<br>PP - Präpositionalphrase |
| PP | P - Präposition<br>NP - Nominalphrase | P - Präposition<br>A - Adverb |
| | P - Präposition<br>NP - Nominalphrase | P - Präposition<br>N - Nomen |
| AP | A - Adverb<br>CP - Complementizer Phrase | A - Adverb<br>PP - Präpositionalphrase |
| CP | CP - Complementizer Phrase | PP - Präpositionalphrase |
| | COMP - Complementizer<br>NP - Nominalphrase | COMP - Complementizer<br>N - Nomen |
| | N - Nomen<br>CP - Complementizer Phrase | CP - Complementizer Phrase<br>CP - Complementizer Phrase |

Es ist auch zu bemerken, dass Spanisch und Italienisch Ø-Subjekt-Sprachen sind. Die Verben in spanischen und italienischen Phraseologismen sind durch die feste Valenz markiert undneigen dazu die Satzkonstituenten (direkte und indirekte Objekte) nach rechts zu bewegen.

Bei der Analyse auf idiomatische Äquivalenz weisen die italienischen und spanischen Phraseologismen viele Unterschiede auf dem semantischen und syntaktischen Niveau auf. Die meisten davon sind die teiläquivalenten Phraseologismen, die sich auf der syntaktischen Ebene und auf der Bildebene unterscheiden, sind aber gleich oder ähnlich auf der semantischen Ebene. Hier sollte man in der Didaktik, besonders bei Teiläquivalenten, auf die Anzahl und Anordnung von lexikalischen Komponenten achten. Bei der Bildebene sollte man auf die lexikalischen Einheiten, die Metaphern tragen, eingehen. Die italienischen Muttersprachler können die Metapher, die einen historischen Charakter trägt, leichter verstehen als die Metapher mit einem regionalen Charakter.

Bei der Semantik haben die spanischen und italienischen Phraseologismen, die Teiläquivalenz aufweisen, fast immer das gleiche oder das ähnliche Bild, der Unterschied liegt aber in den lexikalischen Komponenten, die doch zu Abweichungen bei der Anwendung oder Interpretation von Nicht-Muttersprachlern und damit zu Interferenzen führen können.

So bei dem Phraseologismus *Ser cabeza de melón (span.)– dumm sein (dt.)* könnte ein Italienisch-Muttersprachler, der nur über geringe Kenntnisse der spanischen Sprache verfügt,auf verschiedene Wege diesen Phraseologismus verstehen: *avere la testa piena (it.) – genug von etwas haben (dt.), essere stupido (it.) – dumm sein. (dt.)* oder *avere la testa dura (it.) – ein Dickkopf sein (dt.).* Ganz davon abgesehen, dass ein Schlüsselwort *cabeza (span.) – testa (it.) – Kopf (dt.)* vorhanden ist, das die beiden Phraseologismen auf semantischer Ebene vereinigt. Das Verb *ser (span.)* trägt dazu bei, auf die richtige Bedeutung des Phraseologismus nicht sofort zu kommen. Vom didaktischen Gesichtspunkt aus wäre es hilfreich, nicht nur auf die Bedeutung von Wörtern, die Metapher tragen, einzugehen, sondern auch in diesem Fall auf die Verben, denn während es im Italienischen nur *essere (it.) – sein (dt.)* und *avere (it.) –haben (dt.)* gibt, sind es im Spanischen *ser/estar (span.) – sein (dt.)* und *tener (span.) –haben (dt.).* Im kontrastiven Vergleich von spanischen und italienischen Phraseologismen kommt es öfters vor, dass das spanische Verb *ser (span.)* –

*sein (dt.)* im italienischen mit *avere (it.) – haben (dt.)* interpretiert wird. Auf solche Fälle sollte man bei dem didaktischen Vorgang natürlich sehr achten.

Bei dem Phraseologismus *Estar como una vaca gorda (span.) – dick/übergewichtig sein (dt.)* könnten Italienisch–Muttersprachler nicht sofort auf die richtige Bedeutung kommen. So könnte Auswahl zugunsten die Bedeutung *essere grasso (it.) – dick/übergewichtig sein (dt.)* oder *essere ricco di qualcosa (it.) –reich an etwas sein (dt.)* fallen. Das liegt wiederum am Adjektiv, das im spanischen Phraseologismus dem Substantiv nachgestellt wird, denn im Italienischen gibt es aber einen entsprechenden Phraseologismus *Essere grasso come una balena (it.) – dick/übergewichtig sein (dt.)*, doch bei diesem Phraseologismus wird das Adjektiv vor dem Substantiv als Vergleich eingeführt. Das nachstellende Adjektiv im spanischen Phraseologismus könnte im Italienischen als solche Beschreibung verstanden werden, die irreführend ist. Das kann zu Abweichungen bei der Interpretation der Bedeutung des Phraseologismus führen. So sollte man bei dem didaktischen Prozess auf die Stellung der Adjektive Rücksicht nehmen, denn sie können dazu beitragen, eine phraseologische Bedeutung falsch zu interpretieren.

Die spanischen und italienischen Phraseologismen weisen auch einige Unterschiede bei den synsemantischen lexikalischen Einheiten auf. So kommt manchmal bei dem spanischen Phraseologismus ein bestimmter Artikel vor, während im Italienischen ein unbestimmter Artikel an dieser Stelle steht. Es kann auch vorkommen, dass im Spanischen ein unbestimmter Artikel benutzt wird, während im Italienischen der Artikel ganz ausgelassen wird. Auf diese Fälle wird aber beim Lernprozess von Phraseologismen nicht so gründlich eingegangen, denn sie haben wenig Wirkung auf das Verstehen des gesamten Phraseologismusbildes.

Bei der Interpretation eines Phraseologismus von AS in ZS kann es zu verschiedenen Interferenzen kommen. Bei der Analyse von spanischen und italienischen Phraseologismen wurde festgestellt, dass das Erkennen von phraseologischen Ausdrücken in einem Kontext für einen Nicht–Muttersprachler eine große Rolle spielen kann, denn es gibt Phraseologismen, die einen surrealistischen Charakter (Beispiel Nr. 5) haben, die eben leichter zu erkennensind als die von einem Kontext abhängigen Ausdrücke. Bei solchen sprachlichen Ausdrücken, die sowohl idiomatische als auch nichtidiomatische Merkmale (Beispiele Nr. 48 und 49) aufweisen, spielt auch der umgebende Kontext eine entscheidende Rolle. Bei dem didaktischen

Vorgang sollte man in solchen Fällen streng den Kontext beachten und die idiomatischen Merkmale berücksichtigen, z.B. wie semantische und lexikalisch-syntaktische Festigkeit.

## Zusammenfassung

Bei der kontrastiven Analyse von spanischen und italienischen Phraseologismen, die anhand von bestimmten Kriterien, wie körperliche und geistige Eigenschaften von Menschen, aus verschiedenen Quellen nach dem Prinzip des modernen Gebrauchs gewonnen wurden, wurden die Unterschiede und Ähnlichkeiten von spanischen und italienischen Phraseologismen auf semantischer und syntaktischer Ebene und auf der Ebene der generativen Syntax festgestellt. Die Phraseologismen wurden kategorisiert und im Korpus zusammengefasst. Die Analyse wurde auf der Basis von phraseologischen Merkmalen wie Polylexikalität, Idiomatizität, Festigkeit und Stabilität durchgeführt, dabei wurden solche Aspekte von Phraseologismen wie pragmatische, psycholinguistische und kognitive berücksichtigt. Weiterhin wurden eine ausführliche idiomatische Äquivalenzanalyse durchgeführt und Übersetzungsvorgänge für verschiedenen Äquivalenztypen angeboten. Anhand von Ergebnissen der Zusammenarbeit der Phraseologieforschung und Computerlinguistik wurde auf die Übersetzung spanischer und italienischer Phraseologismen eingegangen. Hier wurde vorgeschlagen, wie die Kategorisierungen von Phraseologismen dazu beitragen können, die Phraseologismen in Datenbanken schneller ausfindig zu machen, um den Übersetzungsvorgang zu optimieren.

Der gemeinsame Überblick der durchgeführten Analyse, der die semantischen und syntaktischen Gemeinsamkeiten und Unterschiede von spanischen und italienischen Phraseologismen sowie die Interferenzen bei der Anwendung und Interpretation von spanischen Phraseologismen ins Italienisch darstellt, schließt die Arbeit ab. Schließlich wurde es auch darauf eingegangen, wie diese Interferenzen in didaktischen Verfahren verwendet werden können.

## Literaturverzeichnis:

Aitchison, Jean (1987): *Words in the mind. An introduction to the mental lexicon.* Oxford: Blackwell.

Annely Rothkegel (2007): „Computerlinguistische Aspekte der Phraseme I“ in: Harald Burger, Dmitrij Dobrovol'skij, Peter Kühn, Neal R. Norrick (Hrsg.): *Phraseology / Phraseologie, Teilband 2. An International Handbook of Contemporary Research / Ein internationales Handbuch der zeitgenössischen Forschung.* Berlin, New York: Walter de Gruyter Seiten: 1027–1035.

Burger, Harald (1973): *Idiomatik des Deutschen.* Tübingen: Niemeyer.

Burger, Harald (1982): *Handbuch der Phraseologie.* Berlin: de Gruyter.

Burger, Harald (1998): *Phraseologie. Eine Einführung am Beispiel des Deutschen.* Berlin: Schmidt

Burger, Harald (2007): *Phraseologie. Eine Einführung am Beispiel des Deutschen.* Berlin: Schmidt

Chomsky, Noam (1981): *Lectures on government and binding.*Dordrecht: Foris Publications.

Corpas Pastor, Gloria (1997): *Manual de fraseología española.* Madrid: Gredos.

Dahmen, Wolfgang (1998): *Neuere Beschreibungsmethoden der Syntax romanischer Sprachen Romanistisches Kolloquium XI.* Tübingen: Narr.

Dobrovol'skij, Dmitrij (1988): *Phraseologie als Objekt der Universalienlinguistik.* Leipzig: Verlag Enzyklopädie.

Dobrovol'skij, Dmitrij (1995): *Kognitive Aspekte der Idiom-Semantik. Studien zum Thesaurus deutscher Idiome.* Tübingen: Narr.

Domínguez, José María (1975): *Fraseologia española en su contexto.* München: Hueber.

Donalies, Elke (2009): *Basiswissen Deutsche Phraseologie.* Tübingen: Francke.

Fleischer, Wolfgang (1982): *Phraseologie der deutschen Gegenwartssprache.* Leipzig: Bibliographisches Institut.

González Ruiz, Ramón (2006): *Discurso, lengua y metalenguaje. Balance y perspectivas.* Hamburg: Buske.

Iwasaki, Eijirō (1991): *Begegnung mit dem "Fremden"/4. Grenzen, Traditionen, Vergleiche. Akten des VIII. Internationalen Germanisten-Kongresses, Tokyo 1990.* München: Iudicium-Verlag.

Lapucci, Carlo (1984): *Modi di dire della lingua italiana.* Firenze: Vallardi.

Lapucci, Carlo (1985): *I proverbi dei mesi.* Milano: Vallardi.

Larreta Zulategui, Juan Pablo (2001): *Fraseología contrastiva del alemán y el español. Teoría y práctica a partir de un corpus bilingüe de somatismos.* Frankfurt am Main: Lang.

Lenz, Susanne (2000): *Korpuslinguistik.* Heidelberg: Groos Narr.

Martín, Luis (2001): *Phraseologie im zweisprachigen Wörterbuch Deutsch-Spanisch.* Frankfurt am Main: Lang.

Martínez Marín, Juan (1996): *Estudios de fraseología española.* Málaga: Ed. Libr. Ágora.

Mellado Blanco, Carmen (2008): *Colocaciones y fraseología en los diccionarios.* Frankfurt am Main: Lang.

Müller, Natascha (1998): *Generative Syntax der romanischen Sprachen. Französisch, Italienisch, Portugiesisch, Spanisch.* Tübingen: Stauffenburg-Verlag.

Neumann, Manfred (1983): *Italienische idiomatische Redewendungen und Sprichwörter.* Leipzig: VEB Verlag Enzyklopädie.

Philippi, Jule (2008): *Einführung in die generative Grammatik.* Göttingen: Vandenhoeck & Ruprecht.

Pusch, Claus D. (2005): *Romanistische Korpuslinguistik. Korpora und diachrone Sprachwissenschaft.* Tübingen: Narr.

Scherer, Carmen (2006): *Korpuslinguistik.* Heidelberg: Winter.

Segura García, Blanca (1998): *Kontrastive Idiomatik: Deutsch-Spanisch. Eine textuelle Untersuchung von Idiomen anhand literarischer Werke und ihrer Übersetzungsprobleme.* Frankfurt am Main: Lang.

Sellner, Alfred (1988): *Italienisch im Alltag.* Wiesbaden: VMA-Verlag.

Sellner, Alfred (2001): *Spanisch im Alltag.* Wiesbaden: VMA-Verlag.

Wotjak, Gerd (1998): *Estudios de fraseología y fraseografía del español actual.* Frankfurt am Main: Vervuert.

**Wörterbücher:**

Buitrago, Alberto (2005): *Diccionario de dichos y frases hechas.* Espasa Calpe. Madrid: S. A..

Carbonell, Sebastián (1986): *Dizionario fraseologico completo italiano-spagnolo e spagnolo-italiano.* Milano: Hoepli.

Lapucci, Carlo (2006): *Dizionario dei proverbi italiani. Con saggio introduttivo sul proverbio e la sua storia.* Firenze: Le Monnier.

Quartu, B.M (2000): *Dizionario dei modi di dire della lingua italiana.* Milano: RCS Rizzoli S.p.A..

Zamora Muñoz, Pablo (1997): *Spagnolo-Italiano. Espressioni idiomatiche e proverbi.* Milano: E.G.E.A. S.p.A..

**Internetquellen:**

http://culturitalia.uibk.ac.at/hispanoteca/LexikonPhraseologie.asp

http://it.lingostudy.de/exec

http://www.lucadia.it/Modi%20di%20dire/a%20proposito%20di%20animali.htm

http://www.pons.de/

http://dict.leo.org/

**Analysierter Korpus:**

http://fraseologismi.simply-webspace.it/spagnolo-italiano